Richard Schröder

Die niederländischen Kolonien in Norddeutschland zur Zeit des Mittelalters

Richard Schröder

Die niederländischen Kolonien in Norddeutschland zur Zeit des Mittelalters

ISBN/EAN: 9783743388338

Hergestellt in Europa, USA, Kanada, Australien, Japan

Cover: Foto ©Suzi / pixelio.de

Manufactured and distributed by brebook publishing software (www.brebook.com)

Richard Schröder

Die niederländischen Kolonien in Norddeutschland zur Zeit des Mittelalters

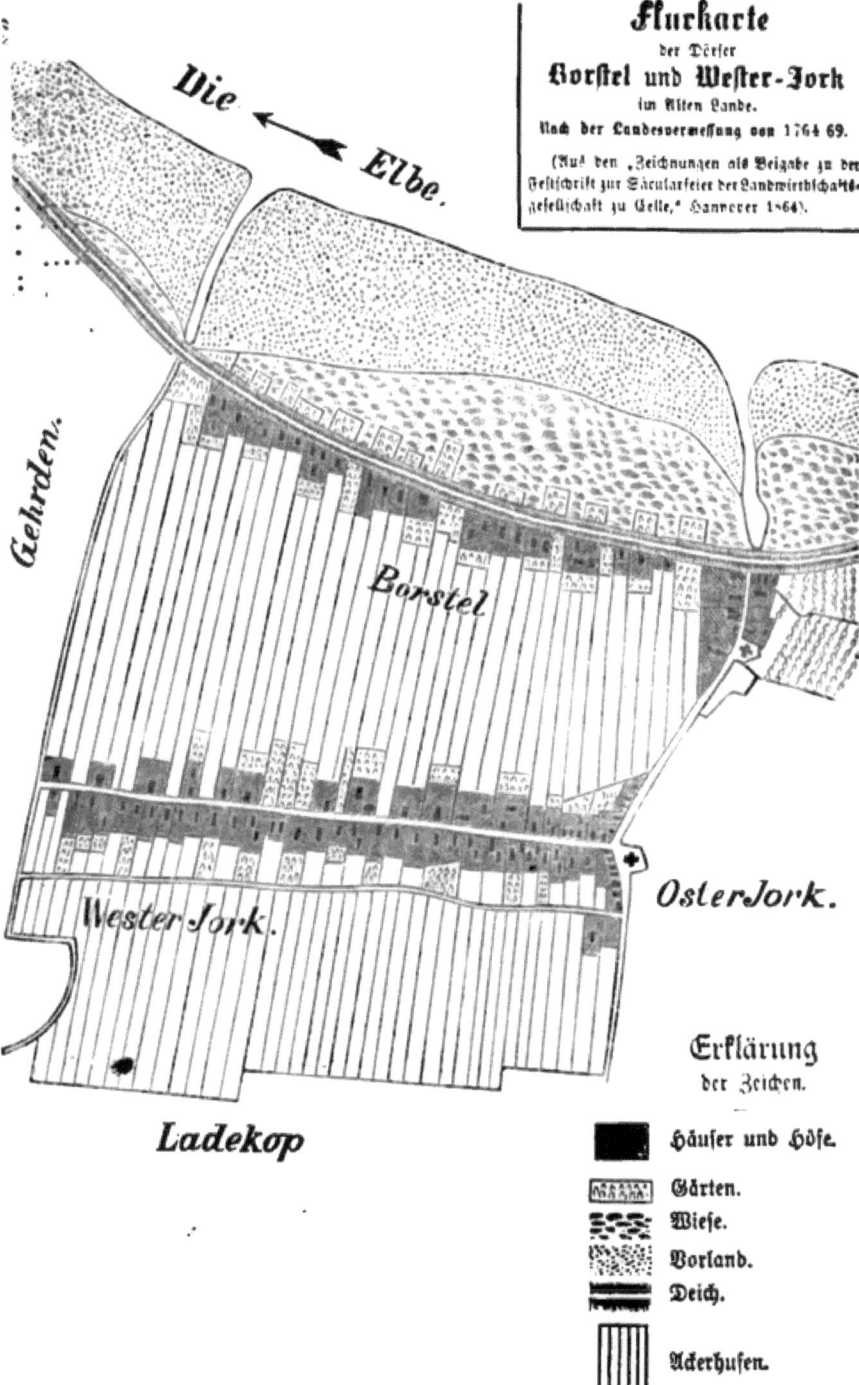

Die niederländischen Kolonien in Norddeutschland zur Zeit des Mittelalters.

Von

Richard Schröder.

Mit einer Karte.

Berlin SW. 1880.
Verlag von Carl Habel.
(C. F. Lüderitz'sche Verlagsbuchhandlung.)
33. Wilhelm-Straße 33.

Im Jahre 1106 schloß Erzbischof Friedrich von Bremen und Hamburg mit sechs Holländern (einem Geistlichen und fünf Laien) einen Vertrag[1]), durch welchen er ihnen mit Genehmigung seiner Getreuen, d. h. seines Domkapitels und seiner Dienstmannen, einen in seiner Diözese gelegenen, unbebauten, von Bächen und Sümpfen durchzogenen Landstrich zur Urbarmachung abtrat. Derselbe sollte in Hufen von 720 Königsruten Länge und 30 Königsruten Breite zerlegt und jede Hufe mit einem Jahreszins von einem Pfennig belastet werden. Außerdem verpflichteten sich die Kolonisten zur Entrichtung eines Lämmer-, Schweine-, Ziegen-, Gänse-, Honig- und Flachszehnten, von den Feldfrüchten sollte die elfte Garbe, von jedem Füllen statt des Zehnten ein Pfennig, von dem Kalbe ein Heller bezahlt werden. Zu den Zwecken der Rechtspflege sollten je hundert Hufen einen Sprengel (eine Hundertschaft) bilden, innerhalb dessen die Kolonisten, gegen einen dem Erzbischof zu entrichtenden Jahreszins von zwei Mark für den Sprengel, die niedere Gerichtsbarkeit selbständig handhaben sollten. Die höhere Gerichtsbarkeit behielt der Erzbischof sich zwar vor, doch sollte auch diese ausschließlich innerhalb der Grenzen des Kolonisationsgebietes geübt, das Urtheil also ebenfalls von den Kolonisten nach ihrem heimischen Rechte gesprochen werden; so lange sich der Bischof zum Zweck der Rechtspflege bei ihnen aufhielt, hatten die Kolonisten ihm Herberge und Unterhalt zu gewähren; von den Gerichtsgefällen erhielt er ein Drittel, zwei Drittel verblieben den Kolonisten. Die geistliche Gerichtsbarkeit sollte nach den gemeinrechtlichen Vorschriften sowie nach den besonderen Gebräuchen der Diözese Utrecht organisirt werden. Den Kolonisten wurde das Recht eingeräumt, auf ihrem Gebiete nach Belieben Kirchen anzulegen, die mit je einer Hufe Landes und einem Theil der dem Bischof zugestandenen Zehnten ausgestattet und dem an der Spitze der Unternehmer genannten Priester Heinrich als lebenslängliches Beneficium übertragen werden sollten.

Wir sind auf diesen Vertrag näher eingegangen, weil er den Reigen der in der Folge für unser Vaterland so bedeutungsvoll gewordenen niederländischen Kolonisationsverträge eröffnet. Allerdings hatte schon der heilige Adelard, unter Karl dem Großen Abt von Corvei, aus seiner Heimat in Flandern Kolonisten nach Corvei verpflanzt, und im 11. Jahrhundert waren, in Folge einer Hungersnoth, zahlreiche Bewohner des Landes um Lüttich, denen andere folgten, nach Ungarn ausgewandert, auch hatte Ende des 11. und Anfangs des 12. Jahrhunderts eine bedeutende Auswanderung von Flandern nach Großbritannien stattgefunden[2]), aber die erste systematische Ansiedelung niederländischer Bauern in Deutschland war die des Jahres 1106.

Sehr lehrreich ist in dieser Beziehung der Vergleich mit einem wenig früher unter Bischof Udo von Hildesheim (1079 bis 1114) abgeschlossenen Niederlassungsvertrage[3]), auf Grund dessen gewisse Fremdlinge (advenae) zu Eschershausen bei Stadtoldendorf in Braunschweig angesiedelt wurden. Auch diese waren aus Flandern oder den Niederlanden gekommen, aber sie hatten ihre Heimat nicht freiwillig, um des besseren Erwerbes willen, verlassen, sondern waren landflüchtig (exules) und darum vollauf zufrieden, als ihnen der Bischof von Hildesheim unter annehmbaren Bedingungen eine neue Heimat gewährte. Auch sie erhielten an dem durch Rodung zu gewinnenden Lande erbliches Zinsrecht und wurden mit mannigfachen Freiheiten und Gerechtigkeiten ausgestattet, aber im Falle einer Veräußerung der Hufe sollte der bisherige Besitzer ein Abzugsgeld an den

Schultheißen zahlen, und nach dem Tode eines Kolonisten sein Erbe einen Sterbfall entrichten, was immer als ein Zeichen geminderter Freiheit galt; in gewissen Angelegenheiten wurden die neuen Ansiedler schlechter als die Hörigen des Bischofs gestellt.

Ganz anders treten die „Holländer" in unserer Urkunde auf. Zwar wird der Stellung des Erzbischofs insofern Rechnung getragen, als er die Fremden als Bittende und seine Zustimmung als eine Concession an dieselben bezeichnet, aber er stellt nicht in Abrede, daß er sich großen Vortheil von der Sache verspreche, er nennt das Ganze einen Vertrag (pactio) und spricht von den Kolonisten wie von Leuten, die auf gleichem Fuße mit ihm unterhandeln. Dem entsprechend sind die Lasten, die ihnen auferlegt werden, äußerst geringfügig, von irgend einer Freiheitsminderung ist nicht entfernt die Rede, während ihnen im Gegentheil die werthvollsten Freiheiten und Gerechtigkeiten zugestanden werden, unter denen die ihrem heimathlichen Rechte gemachten Concessionen wohl die erste Stelle einnehmen. Ueber die Heimat der sechs Unternehmer erfahren wir aus der Urkunde, daß sie Holländer von diesseits des Rheines waren und der Diöcese Utrecht angehörten, der Abstammung nach waren sie also chamavische oder salische Franken, auch Friesen werden unter ihnen gewesen sein. Daß die sechs Männer, mit denen der Bischof verhandelte, nur die Führer waren, die das ganze Unternehmen leiteten, hinter denen aber eine große Schar ihrer Landsleute stand, wird in der Urkunde nicht direkt gesagt, ergiebt sich aber von selbst aus dem Umfange des ihnen eingeräumten bisher völlig unkultivirten und unbewohnten Gebietes, dessen Eintheilung in mehrere Kirchspiele sowie in mehrere Hundertschaften zu je 100 Hufen von vorn herein ins Auge gefaßt wurde. Zahlreiche Orts- wie Personennamen in der Umgebung von Bremen lassen erkennen, daß diese Kolonisten zu einem nicht

geringen Theile auch aus dem linksrheinischen Gebiete, zumal aus
Flandern und Brabant herbeigekommen waren.

Wo das den Kolonisten abgetretene Gebiet lag, ist in der
Urkunde nicht angegeben, läßt sich aber auf Umwegen mit ziem-
licher Sicherheit feststellen. Offenbar verfügte der Erzbischof
über allodiale Besitzungen seines Hochstifts, welche weder vom
Reiche noch vom Sachsenherzog zu Lehn gingen, denn von einer
dem Kaiser oder dem Herzog vorbehaltenen Genehmigung ist in
dem Vertrage nirgends die Rede; auch befand der Erzbischof
sich offenbar im Besitze der gesammten Gerichtsbarkeit auf dem
fraglichen Territorium, sonst hätte er nicht die niedere den Kolonisten abtreten, die höhere sich vorbehalten können. Alles dies
deutet auf die Schenkung König Ottos I. vom Jahre 937 hin,
in welcher der Bremer Kirche das Gebiet von Bremen, Ramesloh, Bassum und Bücken eingeräumt wurde; Otto II. bestätigte
diese Schenkung 967 und übertrug dem Erzbischof zugleich die
gräfliche Gerichtsbarkeit innerhalb der abgetretenen Gebiete.
Die Gegenden von Bassum und Bücken sind nun aber überhaupt nicht, die von Ramesloh nur in beschränktem Umfange
Gegenstand holländischer Kolonisationen gewesen, während das
Bremer Stadtgebiet als Hauptsitz der letzteren erscheint. Wir
haben daher unzweifelhaft das Kolonisationsgebiet von 1106 in
der nächsten Nähe von Bremen zu suchen, und zwar, da das linke
Ufer nachweislich erst später angebaut wurde, auf dem rechten
Weserufer in dem der Stadt zunächst belegenen Theile des
heute noch nach jenen ersten Ansiedlern benannten „Hollerlandes",
wozu noch jetzt oder später das Werderland, das Blockland und,
über das Bremer Stadtgebiet hinaus, das St. Jürgensland
(im hannoverschen Amte Osterholz) gekommen sind.

Die Kulturarbeit auf dem linken Weserufer erstreckte sich
zunächst auf das Stedingerland zwischen Ochtum und Hunte.
Im Jahre 1142 trat Erzbischof Adalbero unter Mitwirkung der
Herzogin Gertrud, ihres damals unmündigen Sohnes Heinrich

(des Löwen) und des Markgrafen Albrecht des Bären einen Landstrich am linken Ufer der Ochtum, von Hasbergen abwärts, fast unter denselben Bedingungen, welche in dem Kolonisationsvertrage von 1106 enthalten waren, an Kolonisten ab⁴). Ein Konsortium von Privatunternehmern wird hier nicht genannt, vielmehr tritt der Erzbischof selber, „da er es für besser und nützlicher erachte, das Land mit Kolonisten zu besetzen und aus ihrer Arbeit Vortheil zu ziehen, als den Boden unangebauet und fast unbrauchbar liegen zu lassen", als der Unternehmer auf, der die Kolonisten durch die ihnen ertheilten Privilegien zu gewinnen sucht. Diese zweite Kolonisation erscheint also als ein unmittelbarer Staatsakt, während die des Jahres 1106 ein Privatunternehmen mit Staatsgenehmigung war. Schon sieben Jahre später fand eine Erweiterung des Kolonisationsgebietes nach Nordwesten statt, und zwar den Ollenfluß (Albena) entlang bis zur Berne. Dieser Landstrich bestand aus Bruchland, das theils dem Erzbischof, theils dem Bremer Domkapitel und einigen Ministerialen des Erzstifts gehörte, und wurde im Jahre 1149 durch Erzbischof Hartwig I. im eigenen wie in seiner Miteigenthümer Namen nach dem Rechte der um Stade angesiedelten Holländer an zwei Unternehmer, Johann und Simon, abgetreten, um das Land demnächst an die einzelnen Kolonisten weiter zu verkaufen; Johann empfing das Land vom Erzbischof für sich und seine Erben zu Lehn. Im Laufe der Zeit wurde das Holländergebiet noch über die Berne hinaus bis an die Hunte, wo das Dorf Holle noch heute Zeugniß von der Nationalität seiner Gründer ablegt, ausgedehnt. Eine andere Erweiterung fand im Jahre 1158, abermals unter Erzbischof Hartwig I., statt, und zwar einmal nach Südosten, von Hasbergen die Ochtum entlang bis Brinkum, und sodann ostwärts über das ganze Land zwischen Ochtum und Weser, von der Vereinigung beider Flüsse aufwärts bis Weyhe und Dreye im hannoverschen Amte Syke, also namentlich das Bremer

Vieland mit Einschluß der 1062 durch Schenkung Heinrichs IV. an das Erzstift gekommenen Weserinseln. Diese Kolonisation erfolgte unmittelbar unter den Auspicien Kaiser Friedrichs I. und mit Genehmigung des Herzogs Heinrich des Löwen³), der Geschäftsgang war aber wieder ein anderer als 1142, indem der Erzbischof diesmal die Kolonisation einem Einheimischen, dem Bovo, wie es scheint einem seiner Ministerialen, in Entreprise gab, so daß dieser das Land an die Kolonisten verkaufte und sodann als erzbischöflicher Landrichter über sie eingesetzt und als solcher ausdrücklich vom Kaiser wie vom Herzoge bestätigt wurde. Die vielfachen Mißhelligkeiten zwischen dem letzteren und Bovo mögen dann diesen an der völligen Durchführung seiner Aufgabe verhindert haben. Wenigstens wurde das Brinkumer Moor an der Stuhr (einem Nebenflüßchen der Ochtum) zwischen Brinkum, Huchting und Mackenstedt (Machtenstede) noch 1171 von Heinrich dem Löwen als ganz unkultivirtes Sumpfland bezeichnet, indem dieser dem Bremer Ministerialen Friedrich von Machtenstede mit Genehmigung des Erzbischofs Balduin die Erlaubniß ertheilte, jenes Moor an gewisse Käufer erblich „zu holländischem Rechte" abzutreten. Auch Friedrich von Machtenstede war längere Zeit außer Stande sein Unternehmen zu Ende zu führen. Nach dem Sturze Heinrichs des Löwen, zwischen 1181 und 1183, erwirkte er ein Privileg seines Dienstherrn, des Erzbischofs Sigfrid, welches die von dem ersteren zehn Jahre früher ertheilte Auctorisation zu seinem Unternehmen bestätigte, dabei aber jede Verletzung der zu den drei genannten Grenzdörfern gehörigen Feldmarken untersagte, so daß es den dortigen Grundbesitzern überlassen bleiben sollte, ob sie die ihnen gehörigen Moordistrikte ebenfalls nach Holländerrecht verkaufen oder für sich behalten wollten. Wahrscheinlich hatten neben den politischen Wirren gerade diese Grenzstreitigkeiten, wie sie ähnlich auch schon mit den Bremer Bürgern vorgekommen waren, und in denen wir vielleicht ein Zeichen beginnender

Eiferfucht der Einheimifchen gegen die Koloniften erblicken dürfen, feither den Haupthinderungsgrund für die Beftrebungen Friedrichs gebildet. Vollendet wurde die Kolonifation diefes Gebietes erft 1201 unter Erzbifchof Hartwig II., welcher die Bruchländereien zwifchen Brinkum und War (Warturm), alfo den weftlich der Ochtum gelegenen Theil des Obervielandes, welchen jetzt die Dörfer Brockhuchting, Mittelhuchting und Kirch= huchting einnehmen, an zwei Unternehmer, Heinrich und Hermann, zur Weiterveräußerung nach Holländerrecht überließ.

Während fo das ganze linke Weferufer von der Hunte auf= wärts in einer Längenausdehnung von fünf geographifchen Meilen, nämlich das oldenburgifche Stedingerland, das bremifche Vieland und ein Theil der Marfch im hannoverfchen Amte Syke, durch eine fechzigjährige Kulturarbeit niederländifcher Bauern aus wenig benutztem und kaum bewohnbarem Sumpf= lande in fruchtbares, reich mit Dörfern befetztes Ackerland um= gewandelt wurde, war man auf dem rechten Ufer, wo fich im Jahre 1106 die erften Holländer angefetzt hatten, nicht müßig gewefen. Im Jahre 1181 wurde das fogenannte Oberneuland, der um die Orte Ofterholz, Rockwinkel und Varholterfeld be= legene füdöftliche Theil des bremifchen Hollerlandes, unter Erz= bifchof Sigfrid mit holländifchen Koloniften befetzt, und in einer Urkunde Hartwigs II. von 1187 wird der Holländer= hufen in Bora (Bahr), Leda (Lehe) und Gera (Gehrden) ge= dacht, doch mag die Befiedelung diefer Ortfchaften fchon be= deutend früher, vielleicht fchon 1106 ftattgefunden haben.

Gegen das Jahr 1200 war die vor etwa einem Jahr= hundert begonnene Kolonifation des heutigen Bremer Stadt= gebietes und der oldenburgifchen und hannoverfchen Grenz= diftrikte zum Abfchluffe gediehen. Das wefentlichfte Verdienft um dies großartige Kulturwerk, das für ganz Norddeutfchland als Vorbild gedient hat, gebührt, neben der arbeitfamen und ein= fichtsvollen Nation, welche die Koloniften entfandte, den Erz=

bischöfen von Bremen, namentlich einem Friedrich, Hartwig I. und Sigfrid, doch sind uns unter den Theilnehmern auch Herzog Heinrich der Löwe und Markgraf Albrecht der Bär begegnet, welche die hier gesammelten Erfahrungen bald in anderer Richtung in ausgezeichneter Weise zu verwerthen gewußt haben. In anderen Theilen ihres Landes haben die Erzbischöfe die hier geübte kolonisatorische Thätigkeit fortgesetzt.

Schon vor 1143 hatte sich eine holländische Kolonie in der Nähe von Stade gebildet (vgl. S. 9), deren Recht den im Stebingerlande bei Bremen angesiedelten Kolonisten zum Muster bestimmt wurde. Diese Kolonie gewann allmählich eine außerordentliche Bedeutung, indem sie das ganze linke Elbufer unterhalb Hamburgs, nämlich das sogenannte Alte Land (etwa von Harburg über Buxtehude bis Stade), sodann das Land Kehdingen (zwischen der Schwinge und der Oste) und das Land Hadeln an der Elbemündung, der Kultur gewann[6]). Genau in der Mitte dieses Landstrichs bewahrt bis auf den heutigen Tag das Dorf Hollern und die Hollerstraße, ebenso wie bei Buxtehude das Holländerbruch und im Kehdinger Lande Hollerdeich, das Andenken an jene Zeit. Ob auch die Elbeinseln zwischen Hamburg und Harburg schon damals kolonisirt wurden, läßt sich nicht mit Sicherheit feststellen. Die Kolonisation des Neuen Landes oberhalb Harburgs erfolgte erst 1296 durch Herzog Otto von Braunschweig[7]). Deutliche Spuren niederländischer Kultur lassen sich ferner stromaufwärts über die Luhe hinaus bis Artlenburg (früher Erteneburg) im alten Bardengau, nördlich von Lüneburg, verfolgen. Während hier in einer Urkunde von 1164 holländische Hufen (mansi Hollandrenses) erwähnt werden, deutet oberhalb Harburgs das Dorf Friesenwerder mehr auf friesische, Kattwiek bei Harburg dagegen wieder auf holländische Einwanderung[8]). Auch an der unteren Weser, in Norder- und Süder-Osterstade, im Lande Wührden und im Vielande bei Bremerhaven läßt die Bodenkultur keinen Zweifel

(354)

darüber bestehen, daß wir es hier mit niederländischen Kolonien zu thun haben. Am rechten Elbeufer gehören die Hamburger Vierlande, zwischen Hamburg und Bergedorf, gleichfalls hierher.

In Holstein war es zunächst der heilige Vicelin, welcher als Stifter und erster Abt des Klosters Neumünster eine bedeutende Einwanderung niederländischer Kolonisten veranlaßte. In jüngeren Jahren war er Vorsteher der Bremer Domschule gewesen und als solcher dem Erzbischof Friedrich nahe getreten. Er kannte von dort her die Erfolge, welche der letztere in dem bremischen Hollerlande erzielt hatte, ja es ist sogar nicht unwahrscheinlich, daß die Bishorster Marsch in der Gegend von Elmshorn noch durch eben jenen Erzbischof Friedrich die ersten holländischen Ansiedler empfangen hatte. Unter Vicelin wurde dann in den vierziger Jahren des 12. Jahrhunderts die Kolonisation dieses Distrikts sowie der Kremper-Marsch zwischen Stör und Elbe und der westlich davon belegenen Wilster-Marsch vollständig durchgeführt. Als namentlicher Beförderer dieses Unternehmens erscheint Erzbischof Adalbero, den wir um dieselbe Zeit als ersten Kolonisator des Stedingerlandes kennen gelernt haben. Bis 1470 galt in den von Vicelin kolonisirten Marschen das „holländische Recht", und auf dem Gebiete des Familiengüterrechts hat es sich als „Land- und Marschrecht" bis auf den heutigen Tag erhalten. Die Straße „Flamwege" bei Elmshorn hat die Erinnerung an die flämischen Einwanderer, Hollerwettern bei Brockdorf an der Elbe die an die Holländer bewahrt.

Als Rathgeber mag Vicelin noch bei einer anderen Kolonisation im transalbingischen Lande betheiligt gewesen sein, über die uns sein Freund und früherer Klosterbruder Helmold, Pfarrer in Busau am Plöner See, als Augenzeuge berichtet. Dies zweite Unternehmen ging von der weltlichen Gewalt aus und trägt, während die bisher besprochenen Kolonisationen ausschließlich dem Interesse der Landeskultur dienten, einen wesentlich politischen Charakter, indem es sich um die Einführung deutscher, christlicher Elemente in das heidnische Wendenland handelte. Das war ein epochemachendes Ereigniß [9]), dem wir in der Folge eine gänzliche Umgestaltung des nordöstlichen Deutschlands, die Germanisirung der wendischen Lande von der Elbe bis über die Weichsel hinaus und damit indirekt die Regeneration unseres Vaterlandes verdanken. Haben wir in Erzbischof Friedrich von Bremen den Vater der niederländischen Kolonien überhaupt kennen gelernt, so verehren wir als den Urheber dieser politischen Kolonisationen insbesondere den Grafen Adolf II. von Schauenburg. Als Graf von Holstein Vasall des Sachsenherzogs, hatte Adolf das Schicksal seines Lehnsherrn, Heinrichs des Stolzen, dem er die Treue bewahrte, getheilt; mit dem Mißgeschick des letzteren war er seines Lehns verlustig gegangen, mit seiner Wiedereinsetzung im Jahre 1139 kehrte auch Adolf wieder nach Holstein zurück und erhielt zu demselben nun noch das in der Zwischenzeit den Wenden abgewonnene Land Wagrien, d. h. den nordöstlichen Winkel des heutigen Holsteins, mit Einschluß des Fürstenthums Lübeck. „Weil aber", berichtet Helmold [10]) „das Land menschenleer war, so sandte er Boten aus in alle Lande, nach Flandern und Holland, nach Utrecht, Westfalen und Friesland, und ließ alle die, welche um Land verlegen wären, auffordern, mit ihren Familien hinzukommen, sie würden sehr gutes, geräumiges, Fisch und Fleisch im Ueberfluß darbietendes Land und vortheilhafte Weiden erhalten". Besonders eindringlich wandte er sich an seine Holsteiner und Sturmaren, durch deren Tapferkeit Wagrien vorzugsweise erobert worden war. „Diesem Aufrufe folgend", erzählt Helmold weiter, „erhob sich eine unzählige Menge aus verschiedenen Völkern, und sie kamen mit ihren Familien und mit ihrer Habe in das Land der Wagiren zum Grafen Adolf, um das Land, das er ihnen versprochen hatte, in Besitz zu nehmen. Zuerst erhielten die Holzaten Wohnsitze an sehr sicheren Orten im Westen bei Sigeberg am Travenafluß, auch das Gefilde von

Zwentineveld und alles, was sich vom Sualenbache bis nach Agrimesau und bis zum Plunersee erstreckt. Das Darguner Land bezogen die Westfalen, das Utiner die Holländer, Susle (Süssel) die Friesen. Das Pluner Land war noch unbewohnt. Aldenburg (Oldenburg) und Lutilenburg und die anderen Küstengegenden gab er den Slaven zu beziehen, und diese wurden ihm zinspflichtig". Hiernach besetzten die Holsteiner den Landstrich an der Trave und Schwentine, in der Richtung von Segeberg auf Kiel; das östlich davon belegene Binnenland erhielten die Fremden, und zwar den südlichen, von der Trave eingeschlossenen Winkel die Westfalen[11], nördlich davon die Friesen, um Eutin die Holländer; nur das Küstengebiet blieb den zinspflichtig gemachten Ueberresten der früheren wendischen Bevölkerung. Der Vorgang wird gewöhnlich in das Jahr 1139 gesetzt, doch waren Adolfs erste Regierungsjahre kaum zu einem so großartigen Unternehmen angethan, da er bald nach dem Tode Heinrichs des Stolzen durch dessen Wittwe, die Herzogin Gertrud, abermals zu Gunsten seines alten Gegners, Heinrichs von Badewide, seines Landes entsetzt wurde; erst 1142 wurde ihm der Besitz von Wagrien und Segeberg durch Heinrich den Löwen bestätigt, wogegen Heinrich von Badewide Ratzeburg und das Polaberland als Entschädigung empfing. Erst um diese Zeit setzte Adolf nach dem Berichte Helmolds sein Kolonisationsunternehmen ins Werk. Daß unter den „holländischen" Einwanderern auch zahlreiche Flamländer waren, bezeugen die Orte Flemen (zwischen Eutin und Lütgenburg) und Flemhude (Flemighute), westlich von Kiel, sowie die „flämische Gasse" (platea Flemiggorum, Flemmigorum) in Kiel und eine Reihe von Personennamen in dem alten Kieler Stadtbuche.

Das in Wagrien gegebene Beispiel wirkte auf die meklenburgischen Verhältnisse zurück. Das eroberte Polaberland (Ratzeburg, Lauenburg) hatte Heinrich der Löwe schon 1142 als deutsche Grafschaft Ratzeburg an Heinrich von Badewide verließen, welcher alsbald westfälische Kolonisten in das Land zog (Helmold I, 91). Im Jahre 1230 zählte die Grafschaft bereits 269 deutsche und nur noch 8 slavische Ortschaften[12]). Auch das Land der Obotriten wurde 1160 von Heinrich dem Löwen, nachdem Fürst Niclot im Kampfe gefallen war, in Besitz genommen; den einzelnen festen Plätzen nebst dazu gehörigen Landgebieten (Burgwarden) setzte er Burgvögte vor, unter denen namentlich Heinrich von Scaten als Burgvogt von Mikilenburg (südlich von Wismar) und der eble Gunzelin von Hagen als Burgvogt von Schwerin und Ilow (Ilinburg) hervorragten. „Damals", erzählt Helmold (I, 91), herrschte Friede im ganzen Slavenlande, und die festen Plätze, welche der Herzog nach dem Rechte des Krieges im Lande der Obotriten in Besitz genommen hatte, begannen von den Ansiedlern, welche ins Land gekommen waren, um dasselbe zu beziehen, bewohnt zu werden". Bald beklagten die Slaven sich bitter „über die gewaltthätige Herrschaft des Herzogs, der uns das Erbe unserer Väter genommen und überall in demselben Fremdlinge eingesetzt hat, nämlich Fläminger und Holländer, Sachsen und Westfalen und andere Nationen" (Helmold II, 2). Die von Heinrich von Scaten angelegte Flämingerkolonie zu Mikilenburg unterlag diesem Nationalhasse, wenige Jahre nach ihrer Begründung wurde sie durch Niclots Sohn Pribislav überfallen und von Grund aus zerstört (Helmold I, 87. II, 2). Im übrigen gedieh das Kolonisationswerk derartig, daß Helmold im letzten Kapitel seiner Chronik sagen konnte: „Das ganze Gebiet der Slaven, welches an der Egdora (Eider), wo die Grenze des Dänenreiches ist, beginnt und sich zwischen dem baltischen Meere und der Elbe hin durch weite Länderstrecken bis nach Zwerin ausdehnt, ist jetzt durch Gottes Gnade gleichsam eine einzige große Ansiedelung der Sachsen geworden, in der Städte und Dörfer erbauet werden, und die Zahl der Kirchen und Diener Christi zunimmt". Das Land Schwerin verwandelte

Herzog Heinrich der Löwe 1167 nach dem Vorbilde des Polaberlandes in eine deutsche Grafschaft Schwerin, mit welcher er den Gunzelin belehnte, während er das übrige Obotritenland dem inzwischen zum Christenthume übergetretenen Fürsten Pribislav zurückgab. Dieser versuchte zwar, sein verödetes Land mit slavischen Kolonisten zu bevölkern (Helmold II, 14), aber durch die Stiftung des Cisterzienserklosters Doberan im Jahre 1171 legte er selbst den Grund zu massenhafter deutscher Einwanderung, die noch befördert wurde, als 1209 das von dänischen Cisterziensern gegründete Kloster Dargun von Doberan aus neu besetzt wurde[13]). Da Amelunxborn im Weserlande das Mutterkloster von Doberan war, so ist zu vermuthen, daß auch die Kolonisten der Doberaner Klostergüter vorzugsweise aus dem Wesergebiete gekommen sind, und auch sonst spricht alles dafür, daß Sachsen und Westfalen, wie in Ratzeburg-Lauenburg und bei Lübeck, auch in Meklenburg das meiste für die Kolonisation gethan haben, so daß die niederländischen Elemente daneben in den Hintergrund treten. Der Germanisirungsprozeß fand hier eben überwiegend erst im 13. Jahrhundert unter Pribislavs Nachfolger Heinrich Borwin I. statt, also zu einer Zeit, wo die Auswanderung aus Flandern und Holland bereits mehr zum Stillstande gekommen war oder doch eine andere Richtung angenommen hatte. Wenn die Gruppe des Parchimer Stadtrechts und das Recht des Landes Stargard (Meklenburg-Strelitz) flämischen Ursprung verrathen, so ist dies vielleicht nur indirekten Einflüssen, nämlich dem Eindringen deutscher Elemente von der Mark Brandenburg her, zuzuschreiben[14]).

Denn größer als alles, was Heinrich der Löwe auf dem Gebiete niederländischer Kolonisation geleistet, waren die von Markgraf Albrecht dem Bären in dieser Richtung erzielten Resultate[15]). Helmold (I, 88) berichtet darüber folgendes: „Zuletzt, da die Slaven allmählich verschwanden, schickte er nach Utrecht und den Rheingegenden, ferner zu denen, die am Oceane wohnen und von der Gewalt des Meeres zu leiden haben, nämlich an die Holländer, Seeländer und Fläminger, und zog von dort gar viele Ansiedler herbei, die er in den Städten und Flecken der Slaven wohnen ließ. Durch die herankommenden Fremdlinge wurden auch die Bisthümer Brandenburg und Havelberg sehr gehoben, weil die Kirchen sich mehrten und die Zehnten zu einem ungeheuren Ertrage erwuchsen. Aber auch das südliche Elbufer begannen zu derselben Zeit die Holländer zu bewohnen; sie besaßen von der Stadt Soltwedel an alles Sumpf- und Ackerland, nämlich das Balsemer und Marsciner Land, mit vielen Städten und Flecken bis zum Böhmer Walde hin. Diese Länder sollen nämlich einst zur Zeit der Ottonen die Sachsen bewohnt haben, wie man das an alten Dämmen sehen kann, welche an den Elbufern im Sumpflande der Balsemer aufgeführt waren; als aber späterhin die Slaven die Oberhand gewannen, wurden die Sachsen erschlagen und das Land bis in unsere Zeit hinein von den Slaven besessen. Jetzt aber sind, weil der Herr unserem Herzoge und den anderen Fürsten Heil und Sieg in reichem Maße spendet, die Slaven aller Orten vernichtet und verjagt; von den Grenzen des Oceans sind unzählige starke Männer gekommen und haben das Gebiet der Slaven bezogen und Städte und Kirchen gebauet, und haben zugenommen an Reichthum über alle Berechnung hinaus". Dieser Bericht Helmolds ist nur insofern ungenau, als er die ganze Kolonisation des mittleren Elbegebietes als ein Werk Albrechts des Bären hinstellt, neben dem noch andere geistliche und weltliche Herren an dem großen Kulturwerke mitgearbeitet haben; überschritt doch schon das von Helmold bezeichnete Kolonisationsgebiet, zwischen Salzwedel und dem Böhmer Walde, die Machtsphäre Albrechts des Bären um ein Beträchtliches.

Neben Albrecht dem Bären wird von den meisten Schriftstellern der Orden der Cistercienser[16]) als derjenige Faktor gepriesen, dem unser Vaterland die Kolonisation der den Wenden wieder abgewonnenen Lande in erster Reihe verdanke. Für die niederländische Kolonisation trifft dies indessen weniger zu, da die Cistercienser zunächst durch ihre Ordensregel verpflichtet waren, die Sumpf- und Waldländereien, in denen sie sich niederzulassen pflegten, mit ihrer eigenen Hände Arbeit zu bebauen, dagegen jeder Oberherrlichkeit über Lehns- oder Zinsmannen sich streng enthalten mußten. Durch ihre außerordentlichen Leistungen auf dem Gebiete der Land- und Gartenwirthschaft sind sie unzweifelhaft eins der wichtigsten Kulturelemente des Mittelalters gewesen, aber sie trieben ihre Wirthschaft durchweg auf eigene Rechnung durch ihre Laienbrüder und waren nicht in der Lage, mit Kolonisten Gutsüberlassungsverträge abzuschließen. Allerdings zogen die im 12. Jahrhundert in Norddeutschland angelegten Cistercienserklöster, welche größtentheils direkt oder indirekt dem Mutterkloster Altenkampen bei Geldern entstammten, nicht bloß viele ihrer auswanderungslustigen Landsleute von selber nach sich, sondern führten auch durch ihre eigene Thätigkeit den großen Grundherren im Kolonisationslande die Vortheile, welche mit niederländischen Bauern zu erzielen waren, vor Augen und erweckten die Neigung, Kolonisten herbeizurufen, in ihnen, mochten wohl auch bei derartigen Unternehmungen als Vermittler dienen. So kommt es, daß wir in der goldenen Aue und der Gegend um Erfurt, ferner im Osterlande und der Niederlausitz, neben den Besitzungen der Klöster Walkenried, Schulpforte (Porta s. Mariae), Dobrilugk und anderer, zahlreichen niederländischen Kolonien begegnen[17]) — ein Flemmingen liegt im Kreise Naumburg, eins im sächsischen Amte Rochlitz, eins im Altenburgischen, ein Flemsdorf und Flemmingsthal im Kreise Delitzsch, ein Holleben im Kreise Merseburg. Aber als selbständige Unternehmer treten die Cistercienser nicht vor 1170 auf. Im 13. Jahrhundert erscheint unser Orden als der Hauptträger des Kolonisationswesens; inzwischen hatte aber die niederländisch-flämische Einwanderung ihren Hauptzug nach Schlesien und Preußen genommen und spielte in den übrigen Ländern nur noch eine untergeordnete Rolle.

Durch Albrecht den Bären wurde vornehmlich das Balsamer Land (die heutige Altmark) mit Niederländern besetzt, Stendal und Seehausen mit der sogenannten Wische bildeten die Brennpunkte der dortigen Kolonisation. Man darf annehmen, daß fast sämmtliche deutschen Orte der Altmark von Niederländern und Flämingen angelegt sind. Eine Bismarker Urkunde von 1209 nennt einen Ritter Heinrich Fleming. Jenseits der Elbe war das 1147 von Albrecht dem Bären eroberte Jüterbogk alsbald der Mittelpunkt einer großartigen von Erzbischof Wichmann von Magdeburg unternommenen Kolonisation[18]), von der noch heute der „Fläming" zwischen Jüterbogk und Wittenberg Zeugniß ablegt. Eine Brücke in der Nähe von Jüterbogk hieß pons Flemmingorum. In Jüterbogk wurde im Mittelalter eine eigene flämische Münze (moneta nova Flamingorum Jutreboc) geprägt. Auch Bitterfeld hatte eine flämische Münze und eine erst in unserm Jahrhundert durch die Gemeinheitstheilung aufgehobene eigenthümliche Markgenossenschaft, die „flämische Gesellschaft".

Außerordentliche Unterstützung fanden die Bestrebungen Albrechts des Bären bei mehreren hervorragenden geistlichen und weltlichen Fürsten seiner Zeit. Erzbischof Wichmann von Magdeburg war schon als Bischof von Naumburg in dieser Richtung thätig gewesen, seiner Thätigkeit in Betreff Jüterbogks wurde bereits gedacht, er kolonisirte aber auch das Land zwischen Havel und Elbe, die sogenannte „flämische Seite" oder den „Fläming" von Möckern und Loburg im Süden bis Sandau im Norden[19]). Den Magdeburger Dompropst Gerhard finden wir 1158 unter den Zeugen der von Friedrich I. für die Bremer Kolonisation ausgestellten Urkunde (s. S. 10) und noch in demselben Jahre als Kolonisator des Dorfes Krakau bei

Magdeburg[20]). Bischof Anselm von Havelberg ließ sich im Jahre 1150 von König Konrad III. ausdrücklich zur Kolonisation seiner entvölkerten Stiftslande ermächtigen. „Da diese Städte und Dörfer," heißt es in dem königlichen Privileg, „durch die häufigen Einfälle der Heiden verwüstet und derartig entvölkert sind, daß sie ganz oder fast ganz von Einwohnern entblößt sind, so verleihen wir genanntem Bischofe das Recht, dort Kolonisten beliebiger Nationalität anzusiedeln". Besonders das unter Anselms und Albrechts Auspicien gegründete Prämonstratenserstift Jerichow, in dessen Angelegenheiten Anselm selbst sich 1145 nach Utrecht begab, diente als Stützpunkt für diese Unternehmung. Hatte doch der Gründer des Klosters, Graf Hartwig von Stade, als Bremer Dompropst die beste Gelegenheit gehabt, die Leistungen der niederländischen Kolonisten um Bremen kennen zu lernen, wie er ja auch später als Erzbischof von Bremen es als seine Aufgabe ansah, noch weitere Scharen in sein Land zu ziehen. Ferner sind noch die Aebte Arnold von Ballenstedt und Arnold von Nienburg zu nennen, durch deren Bemühungen ein großer Theil von Anhalt mit Flämingen besiedelt wurde[21]), wie u. a. die „flämischen Wiesen" und der „flämische Damm" zwischen Dessau und Wörlitz bezeugen. In Meißen wurde die Einwanderung der Niederländer vornehmlich durch Bischof Gerung und Markgraf Konrad von Meißen befördert[22]). Bischof Dietrich von Halberstadt zog Holländer herbei, um die Sumpfländereien zwischen Ocker und Bode in fruchtbares Ackerland zu verwandeln[23]).

Durch die vereinigten Bestrebungen dieser Männer wurde noch im Laufe des 12. Jahrhunderts fast das ganze zum größten Theile entvölkerte Land zwischen Elbe und Oder bis nach Meißen und der Lausitz mit zahlreichen fleißigen Kolonisten besetzt, die zwar zum Theil aus dem benachbarten Sachsen, der großen Mehrzahl nach aber aus Flandern und den Niederlanden kamen. Von wie außerordentlicher Bedeutung diese niederländische Einwanderung insbesondere für die Mark Brandenburg gewesen ist, läßt sich am besten erkennen, wenn man die altniederländischen und belgischen Ortsnamen mit den altbrandenburgischen Orts- und Familiennamen, wie sie in dem Register zu Riedels Codex diplomaticus Brandenburgensis zusammengestellt sind, vergleicht. Wir geben hier nur eine kleine Auswahl, indem wir die niederländischen Ortsnamen in gesperrter Schrift voranstellen und jedem den entsprechenden brandenburgischen Namen (nebst einigen aus der Umgegend) folgen lassen.

Abbenbroek, Appenbruech (Holland): Apenburg oder Abbenborch bei Salzwedel. Abdinga, Abdingem, Abdingahem (Ostflandern): Abinga (heute Etingen) bei Gardelegen. Alardestobe, Alartskerke, Alarthskintskirke, Alardeshof (Seeland): Familie Alard. Aleym, Alem (Nordbrabant): Alem, Ahlum bei Salzwedel. Altena (Nordbrabant, ferner Elten bei Emmerich): vergangenes Dorf Altena bei Arneburg, bei Berlin, bei Chorin, Altenow bei Storkow. Apeldoorn (Veluwe), Appelterre, Apelteren (mehrfach in Holland und Flandern): Appelborn (heute Langenapel) bei Salzwedel. Arnheim: Aruim, Arnem, Arnhem, Arnhym bei Stendal, sodann die bekannte Adelsfamilie. Batavia, Betuwe: Familie Betewer. Baarsdorp (Seeland): gleichnamiges Dorf bei Gransee. Benetfelda (Nordholland): Familie Bentfeld. Boekel, Bokele, Boclo (Nordbrabant): Bockel, Bokel bei Gardelegen, Bökle in der Altmark. Brabant: Familie Brabant. Brakel (Ostflandern): Familie Brakele, Brahele. Broklede (Breukelen in Utrecht): Familie von Brokelde. Brügge: bei Soldin und bei Pritzwalk, Familie Brügge (im 14. Jahrhundert war ein Thile von Brügge Richter und Münzmeister in Berlin), Familie Brüggemann. Buren (Betuwe): Familie Buren. Buttinge (Seeland): Fam. Buting. Butting. Delf, Delft: Fam. Delf, Fam. Delveten. Donge, Dongen (Nordbrabant): Fam. von Donnige. Donza, Deynze, Dunze (Ostflandern):

Donze, Donitz bei Salzwedel. Doornik (bei Emmerich, auf Betuwe, im Hennegau): gleichnamiges Dorf bei Peitz. Dorestad (Wyk by Duurstede, Utrecht): Fam. Dorstädt, Dornstädt, vergangenes Dorf Dornstädt bei Stendal. Dubla, Düffel, Tubal (bei Cleve und bei Mecheln): Fam. Duvel, Düvel, Tubele, Deibel, Teufel (offenbar misverständliche Entstellungen des Namens). Dunk (Nordbrabant): Familie Dunk, Dunker, Dunkerforde bei Genthin, Dunkersee bei Brandenburg und bei Neuruppin. Dussen (Nordbrabant): Fam. von Dusen. Emmerich: Emerigge, Emeringe, Emmeringen bei Oschersleben. Erp, Erpe (Nordbrabant, Ostflandern): Fam. von Erp. Valkenburg (Südholland, Limburg): Schloß Falkenburg in der Neumark. Federfurt, Federgowe (Groningen): Fam. Federow. Velde (Gelderland): vergangenes Dorf bei Arneburg, Fam. von Velden. Fläming, Flandern: Flemsdorf im Kreise Angermünde, Fam. Flemming (Fleming, Vleminch, Flamen), Fam. Flamiger, Flammiger. Flet, Flieta, Flethetti (Utrecht): Flieth oder Flete bei Prenzlau, vergangenes Dorf Flyte bei Straußberg, Fam. von Flieth, Dorf Fleth bei Mirow (Meklenburg). Vreeland, Vredeland (Utrecht): Friedland bei Wriezen (vgl. die gleichnamigen Städte in der Lausitz, Meklenburg, Preußen). Friesland: Friesdorf, vergangenes Dorf bei Ziesar, Friesack bei Neuruppin, Fam. Kriese, Fresenbruck bei Grabow (Meklenburg). Geer (Betuwe), Geere (Holland): Dorf Geere bei Seehausen, bei Arneburg und bei Frankfurt a. d. O., Geren bei Krossen und bei Stendal, Fam. von Gere. Gent: Fam. Gent (besonders in Salzwedel). Goch (Limburg): Fam. von Goch. Haamstede, Heemstede (Nordholland, Seeland, Utrecht): Hemstädt bei Gardelegen, Fam. Hamstädt. Hamerthe, Hemerte (Betuwe): Hamerten oder Hemerten bei Stendal, gleichnamige Familie in Stendal. Haristall, Heristall (Lüttich): Fam. von Harstall. Heiligerlee, Heilegelo, Heilo (Groningen, Nordholland):

Fam. Helo, Heilo, Hele. Heeze, Hese (Utrecht, Nordbrabant): Dorf Hese bei Bierstädt (Altmark), Fam. Hese. Hoecke (Seeland): Fam. Hoke. Holland: Dörfer in den Kreisen Kottbus, Niederbarnim, Templin, Fam. Holland, Fam. Holländer, Fam. Holle. Hond (Scheldemündung): Fam. Hond. Kameryk (Cambray in Nordfrankreich, Kameryk in Utrecht); vergangenes Dorf Kamerick bei Arendsee (Altmark), Hof Kemerick bei Werben, Kemerick oder Kemberg bei Wittenberg, Kamerickhof oder Kemerickshof bei Gransee, Fam. Kemmerich in Havelberg. Kampen (Overyssel, Utrecht, Seeland): Fam. Campen. Calla: Fam. Kalle. Callendin: Fam. von Kalindin. Callingen, Kellinghe (Nordholland): Kaling, Kallingken, Kallinichen bei Zossen, Fam. Kelling. Leiden: Fam. Leiden. Limburg: Limberg, Lymborg, Limpurg bei Kottbus. Maas: Matz, Maes, Massen bei Züllichau, Fam. Maas, Maasen. Machelen, Machline (Ostflandern): Machlin bei Deutsch-Krone (Preußen). Materna (Ostflandern): Fam. Materna. Meerbeke (Ostflandern): der Meerbeke bei Neuhaldensleben. Meersen (Limburg): Fam. Mersen. Melle (Ostflandern): gleichnamige Dörfer bei Biesenthal, Arnswalde, Lenzen, Pyritz, Saazig, Zinna, Zossen. Meteren (Betuwe): vergangenes Dorf Meteren bei Leitzkau. Mooreghem (Ostflandern): Fam. Moreke, Moreg, Mörke. Nimwegen, Nymegen: Niemeck in der Mittelmark, Fam. von Niemeck. Nivella, Nevele (bei Gent): Niebel, Nywal, Nieval bei Treuenbriezen. Noordgouwe, Nortgo (Beluwe, Seeland): Fam. von Nortge. Notlevenes (Nordholland): Fam. von Notleben oder Notleve. Osterwyk (Holland): Osterwick im Halberstädtischen. Develgonne: Ovelgünne und Develgunne in der Altmark und der Priegnitz. Pamele (bei Brüssel): Fam. Pammel. Peteghem (Ostflandern): Fam. Peteke. Pulmeri (verg. See in Nordholland): Fam. Pulmari. Quirnifurt (Friesland): Querfurt. Rec (Utrecht): Reck bei Spandau, Fam. von Reck. Rheinfranken, Rinland: Fam. Rhinfranke, Rinland. Rietveld, Retveld (Nord-holland, Gelderland): Retvelde oder Rehfeld bei Straußberg, verg. Dorf Retvelde oder Ritfeld bei Seehausen. Rimbrachti (Utrecht): Fam. Rimbart. Ryswyk (Südholland, Betuwe): Fam. von Riswick. Roermond (Limburg): Fam. Kurumund. Zandvoort (Holland, Friesland): Sandvord, Sandfurt bei Burg, bei Berlin, bei Chorin. Scata, Scatam (Nordholland): Fam. Schatte. Schaluinen, Schalum, Schaluneberg (Holland): Schallun oder Scalun bei Seehausen. Schelde: Fam. Scheldekönig. Schouwen, Scoube (Seeland): Schauen oder Schauwen bei Osterwick und bei Beeskow. Sconelo (Belgien): verg. Dorf Sconelo, Schonlo im Havellande, Fam. von Schonlo. Sonnega, Zonnegem (Friesland, Ostflandern): Fam. Soneke, Sonneke, Zonneke. Sparwoude, Spernereswald (Nordholland): Sperrewalde oder Sparenwolde bei Prenzlau. Stenforbia, Steinvorde (Frankreich, Dep. du Nord): Steinfurth, Stenforde bei Neuruppin, bei Neustadt-Eberswalde, verg. Dorf im Magdeburgischen, verg. Schloß in der Ukermark. Steenloo (Nordbrabant): verg. Dorf Stenlage bei Salzwedel. Stripes, Stripen (Ostflandern): Fam. Striepe. Sussel, Sysseele (Westflandern): Fam. Sussel. Susteren (Limburg): Fam. Susteren. Svafheim (Westflandern, Rheinprovinz): Fam. Schwafheim, Swafheim, Swoffheim. Swinre, Zwyn-brecht (Ostflandern, Südholland, Zwinderen in Drenthe): Schweinrich, Zwinerich, Swinrike bei Wittstock. Tegele, Tegelen (Limburg): Tegel bei Berlin. Thiela, Tiele (Betuwe): Fam. Thiele, Tila, Tiel, Tilo. Tillburg (Nordbrabant): Fam. von Tillburg. Tornacum (Doornik in Betuwe, Tournay in Flandern): Fam. Tornich (vgl. oben Doornik). Turre (Utrecht): Fam. Turre. Uphusen (Südholland): Upphusen, Opphausen bei Schafftädt. Upstall (bei Gent, bei Ypern), Upstallsbom (Friesland): Upstallsgasse in Stendal. Ursel (bei Gent): Fam. Ursel. Utrecht: Fam. von Utrecht.

(367)

Wabdinge (Südholland): verg. Dorf Wadding bei Arneburg, Vorstadt Wedding in Berlin. Wadenborch (in Aspern, Südholland): Wadenberg oder Wadenburg bei Gardelegen. Waerbeke, Warebeke (Ostflandern): Werbek, Werbick, Werbig bei Jüterbogk, bei Treuenbriezen, bei Lebus, See bei Küstrin. Wannegem (Ostflandern): Fam. von Wanige. Wassenaar (Holland): Fam. von Wasnare. Welle (Seeland, Bommelerwaard, Ostflandern): Welle bei Tangermünde, bei Pritzwalk, bei Perleberg. Werba (Friesland): Grafschaft und Stadt Werben in der Altmark, Dörfer bei Kottbus, Zossen, Kammin, verg. Dorf bei Belzig, Schloß bei Delitzsch.

Die niederländischen Kolonisten, durch Einwanderer aus den östlichen Theilen Sachsens (Ostfalen), zum Theil auch aus Westfalen verstärkt (bei Kyritz in der Priegnitz wird 1315 ein Campus Westfalia genannt), haben im Laufe des 12. und 13. Jahrhunderts sich über die ganze Mark Brandenburg ausgedehnt und diese dem deutschen Volke zurückgewonnen. Es handelte sich dabei nicht um eine Germanisirung der durch Albrecht den Bären und seine wehrhaften Nachfolger unterworfenen Wenden, sondern wie in Meklenburg um die Neubevölkerung eines von seinen bisherigen Einwohnern fast ganz verlassenen Landes. Man muß bedenken, daß die Wenden nicht das geringste Verständniß für intensiven Ackerbau und eine den märkischen Verhältnissen angemessene Bodenkultur besaßen. Ackerbau trieben sie einzig in den höheren Bodenlagen, in denen der märkische Sand sie nur spärliche Frucht gewinnen ließ. Die fruchtbaren Niederungen lagen unbebauet und gewährten in ihren Sümpfen und Wäldern nur dem Jäger, Fischer und Hirten den nothwendigen Unterhalt. So war das Land überaus dünn bevölkert, die zahlreichen Kriege mit den Deutschen hatten es noch mehr verödet, und wie nun die Kolonisten ins Land kamen, zog sich nicht nur das mehr zum Wandern geneigte Volk der Hirten, Jäger und Fischer vor ihnen zurück, sondern auch die ackerbautreibende Bevölkerung wendischen Schlages vermochte den Kampf um das Dasein mit den thatkräftigen „flämischen Kerlen" nicht aufzunehmen²⁴). Der einheimische Adel pactierte hier wie in den übrigen Kolonisationsländern mit dem Eroberer, mit dem Christenthum nahm er deutsche Sprache und deutsche Sitte, vielfach auch deutsche Namen an, aber der arme wendische Bauer, der durchweg nur als kündbarer Zeitpächter auf seinem Hofe saß, mußte das Land seiner Väter räumen, und nur die unfreien Leute blieben im Dienste ihres Herrn zurück.

Mit der Kolonisation der Mark Brandenburg war die des Landes Stargard (Meklenburg-Strelitz), das damals einen Theil der Mark bildete, von selbst gegeben. Vorgeschobene Posten niederländischer Kolonisten gelangten auch nach Pommern, wo die Dörfer Flemmendorf in den Kreisen Demmin und Franzburg und Hollendorf im Kreise Greifswald noch heute von ihnen reden; aber der Hauptstrom der deutschen Einwanderer bestand hier wie in Meklenburg aus Westfalen.

Dagegen wurden die nach „deutschem Recht" besetzten Orte Schlesiens und der Mark Meißen in solche mit flämischem und mit fränkischem Recht unterschieden, die flämische Hufe wurde der fränkischen gegenübergestellt²⁵). Hier trafen die flämischen Einwanderer nämlich mit zahlreichen hessisch-thüringischen Kolonien zusammen, und der mitteldeutsche Dialekt im Königreich Sachsen wie in Schlesien läßt noch heute deutlich erkennen, daß die mitteldeutschen Elemente unter den Einwanderern gegenüber den niederdeutschen das Uebergewicht gehabt haben. Unter den letzteren müssen sich auch zahlreiche Ostfalen befunden haben, da die große Verbreitung des Sachsenspiegels und des Magdeburger Stadtrechts in jenen Gegenden nur auf ihren Einfluß zurückgeführt werden kann. Westfalen lassen sich nur im Fürstenthum Breslau nachweisen. Tonangebend sind aber auch in Schlesien die niederländischen Kolonisten gewesen. Schon vor ihnen war eine wallonische Kolonie, wahrscheinlich durch das Augustinerkloster St. Adalbert in Breslau, nach Schlesien gekommen, die aber bald vollständig germanisirt wurde²⁶). Die flämische Kolonisation wurde besonders von dem 1175 gegründeten Cisterzienserkloster Leubus, dessen Mutterkloster Pforte war, ins Werk gesetzt. Das Mutterkloster selbst war dabei interessirt, die in der Nähe von Pforte angesessenen niederländischen Bauern zum Zwecke der Abrundung des Klosterbesitzes auszukaufen, indem es ihnen unter vortheilhaften Bedingungen neue Ländereien in dem Leubuser Lande einräumte. Ueberdies war die Zeit schon gekommen, wo die Cisterzienser es auch mit ihrer Ordensregel vereinbar hielten, wenn sie sich zu großen Gutsherrschaften mit zinspflichtigen Bauern umbildeten (s. S. 19). Die Bestrebungen von Leubus (unweit Leubus liegt noch heute ein Flämischdorf) wurden seit dem Anfange des 13. Jahrhunderts wesentlich unterstützt durch das Cisterzienser Frauenkloster zu Trebnitz und ganz besonders durch das eigene Tochterkloster zu Heinrichau, welches von Herzog Wladislaus auch mit großartigen Kolonisationsdistrikten an der Netze ausgestattet wurde. Neben den Cisterziensern waren die Augustiner zu Naumburg am Bober, die Augustiner Chorherren auf dem Sande in Breslau und die Prämonstratenser von St. Vincenz daselbst, nicht minder Bischof Laurentius von Breslau und von den weltlichen Gewalten die Herzöge Boleslaus I., Heinrich I. und Heinrich II. von Niederschlesien und Micislaus und Wladislaus von Oppeln (Oberschlesien) im Interesse der niederländischen Kolonisation thätig. Durch den Mongoleneinfall im Jahre 1241 wurde das große Kulturwerk zwar unterbrochen und fast das ganze urkundliche Material über die bisherigen Unternehmungen vernichtet, aber bald nahm die Sache doch wieder ihren ungestörten Fortgang, so daß um die Mitte des 14. Jahrhunderts fast ganz Schlesien zu einem deutschen Lande geworden war.

In Preußen begann die deutsche Kolonisation erst mit dem Einmarsche der deutschen Ordensritter. Neben den Ordensmeistern entwickelten besonders die Bischöfe von Ermland und Samland kolonisatorische Thätigkeit. Während der Adel aus ganz Deutschland in das neugewonnene Land strömte, scheinen die Küstenstädte, nach der großen Verbreitung des lübisch-westfälischen Rechts zu urtheilen, sich vorzugsweise aus Westfalen rekrutirt zu haben, auch ein Dorf „Westfalen" findet sich, bei Schwetz im Regierungsbezirk Marienwerder. Zum weitaus größten Theile aber kamen die Bauern aus Flandern und den Niederlanden, sei es direkt, sei es durch weitere Abzweigungen der märkischen und schlesischen Kolonien, und von ihnen wurden auch fast sämmtliche Binnenstädte in Preußen gegründet. In dem Privileg, welches der Hochmeister Hermann von Salza 1233 für die Städte Kulm und Thorn erließ und sein Nachfolger Eberhard von Sayn 1251 bestätigte, heißt es ausdrücklich: Denselben unsen burgeren verkoufte wir ire gut, die sie von unsem huse haben, ... zu vlemischem rechte; und indem fernerhin fast alle preußischen Städte und die meisten Dörfer auf kulmisches Recht gegründet wurden[27]), erlangte das flämische Recht geradezu die Bedeutung einer Magna Charta für das Ordensgebiet. Damit ist freilich nicht gesagt, daß alle diese Orte nun auch wirklich von Niederländern gegründet wurden. Von Preußisch-Holland, quam secundum primos locatores, qui de Hollandia venerant, Holland appellavimus (Gründungsprivileg von 1297), steht das freilich fest, nicht minder von Flemming (Kreis Rössel), die Kolonisation von Woyniten und Wusen wurde von einem Johann Fleming übernommen (Gründungsprivileg von 1288), und viele andere Orte bezeugen ihre Herkunft durch flämische oder niederländische Namen. Andererseits gestattet die große Verbreitung des Magdeburger Rechts in Preußen den Schluß, daß die ostfälisch-sächsische Einwanderung ebenfalls nicht unbedeutend gewesen sein kann, — aber als das maßgebende Element erscheinen auch hier die Kolonisten aus Flandern und den Niederlanden.

Fragen wir, wie die von der Auswanderung betroffenen Gebiete dieselbe zwei Jahrhunderte lang ohne irgend erhebliche Nachtheile, ja selbst ohne daß die einheimischen zeitgenössischen Schriftsteller es der Mühe werth gehalten hätten, die Sache zu erwähnen, ertragen konnten, so ist zunächst auf die ganz ähnlichen Verhältnisse der stammverwandten Chatten zu verweisen, welche nach einander einen Theil der Niederlande, Belgien und Nordfrankreich, ferner das Mosel- und Maingebiet und den Mittelrhein bis zur alamannischen Grenze kolonisirt haben, ohne daß in Hessen während dieses freilich auf ein halbes Jahrtausend ausgedehnten Prozesses jemals eine bemerkbare Entvölkerung eingetreten wäre. Eben jene Gebiete der salischen Franken in Flandern, Brabant u. s. w. fielen schon im Mittelalter durch ihre überaus dichte Bevölkerung auf und sind heute weitaus die bevölkertsten Theile Europas. Nach dem Gothaer genealogischen Kalender für 1879 kommen in Frankreich 70, im Deutschen Reiche 79,2, in Italien 94, in Großbritannien 100, in den Niederlanden 119, in Belgien 181 Einwohner auf 1 qkm. Noch bezeichnender sind die Zahlen, wenn wir speciell die Hauptheerde der Auswanderung im 12. und 13. Jahrhundert ins Auge fassen: Frankreich, Dep. pas de Calais 120, Niederlande Provinz Utrecht 136, Rheinpreußen 141, Belgien Provinz Antwerpen 190, Westflandern 212, Lüttich 218, Niederlande Nordholland 239, Belgien Hennegau 257, Niederlande Südholland 258, Frankreich Dep. du Nord. 267, Belgien Brabant 285, Ostflandern 288.

Jene dichtbevölkerten Gebiete hatten nun im Laufe des 12. Jahrhunderts maßlos durch Sturmfluten, welche ganze Landstriche in das Meer versinken ließen, durch Erdbeben (1116), Ueberschwemmungen und schwere Mißernten, durch Seuchen und Bürgerkriege gelitten. Auf der andern Seite hatte die Zeit der Kreuzzüge, welche die Bevölkerung Flanderns und der Nachbarländer ganz besonders erregte, den dem chattisch-niederfränkischen

Stamme von je her eigenthümlichen Wandertrieb aufs neue wachgerufen. Vor schwerer Arbeit scheute der Niederfranke und Friese nicht zurück, aber in der Heimat ging ihm der Lohn seiner Arbeit oft genug durch schwere Naturereignisse verloren, und das dicht bevölkerte Land gewährte keinen Ersatz. Dagegen winkte ihm im Osten reicher Gewinn; die Arbeit, die dort von ihm verlangt wurde, war ihm zur zweiten Natur geworden, denn die Bodenbeschaffenheit der Niederungen im nordöstlichen Deutschland unterschied sich von der seines Heimatlandes nur dadurch, daß die Gefahr, das mühsam gewonnene Kulturland durch Wassersnoth wieder zu verlieren, dort eine ungleich geringere war. Die Abgaben, die der Kolonist zu leisten hatte, waren gering, von öffentlichen Lasten blieb er größtentheils völlig verschont, und, was bei dem trotzigen Unabhängigkeitssinne der Franken und Friesen nicht zu unterschätzen ist, ihm wurde die vollste persönliche Freiheit gewährleistet, während sich in seiner Heimat eben die feudalen Gewalten regten und die gemeine Freiheit zu unterdrücken suchten. Zwar gelang ihnen dies im allgemeinen nicht, vielmehr sahen sie sich im Laufe der Zeit überall gezwungen, ihren Unterthanen eigene Freiheitsbriefe (die sogenannten Keuren) zu ertheilen, aber lange blutige Kämpfe mit wechselnden Erfolgen gingen dem voraus.

So mag das Kolonisationsland im Osten für den niederländischen Bauer des 12. und 13. Jahrhunderts denselben Reiz gehabt haben, wie heute Amerika für unsere Landsleute, und es ist wohl möglich, daß ein noch heute in Flandern vielfach gesungenes Volkslied[28]) in diesem Zusammenhange entstanden ist:

> Naer Oostland willen wy ryden,
> naer Oostland willen wy meê (mit),
> al over die groene heiden,
> frisch over die heiden,
> daer isser een betere steê (Stätte).

Die ersten niederländischen Kolonisten, welche nach Deutschland kamen, sind wohl die von Eschershausen gewesen. Sie waren landflüchtige Leute, ihre Entfernung aus der Heimat hing vielleicht mit der Ermordung des Bischofs Konrad von Utrecht im Jahre 1099 zusammen. Ihr Beispiel mag dann auf ihre Landsleute, die im Jahre 1106 sich um die Niederlassung in dem bremischen Hollerlande bewarben, eingewirkt haben, nur daß diese in der günstigen Lage waren, dem Erzbischof von Bremen ihre Bedingungen stellen zu können. Die Kolonien um Bremen sind dann der Ausgangspunkt für die immer weiter um sich greifenden Kolonisationsunternehmungen geworden, die holsteinischen und mecklenburgischen Kolonisationen stehen unmittelbar mit jenen im Zusammenhang, und Albrecht der Bär und mehrere seiner Gesinnungsgenossen haben persönlich im Bremischen die Erfahrungen gesammelt, die sie dann bei sich in so ausgezeichneter Weise zu verwerthen wußten.

In den wendischen Gebieten begegnen wir einer zwiefachen Art der Ansiedlung. Oft wurden den Kolonisten wie in den deutschen Landestheilen wüste Sumpf- und Moordistrikte übergeben, um diese kulturfähig zu machen und Dörfer darin anzulegen. Derartige Sumpf- und Moorkolonien waren auch in den Niederlanden selbst bekannt[29]; die dort in solchen Fällen üblichen Bedingungen stimmen mit dem, was man in Deutschland „flämisches" oder „holländisches" Recht nannte, vollkommen überein und haben wohl bei den Kolonisationsverträgen als Vorbild gedient. Aber fast noch häufiger wurden den Kolonisten im Wendenlande wendische Dörfer übertragen, welche von den bisherigen Bewohnern entweder schon verlassen waren, oder nun, indem der Grundherr von seinem Kündigungsrechte Gebrauch machte, geräumt werden mußten[30]. Daher kommt die große Zahl slavischer Ortsnamen im Kolonisationsgebiete, während die Orte mit deutschen Namen größtentheils von den Kolonisten erst gegründet worden sind. Allein auch die wendischen Dörfer wurden von den neuen Ansiedlern völlig umgestaltet, da die slavische Wirthschaft gerade den besten Boden, der nur entwässert zu werden brauchte, unangebauet gelassen hatte. Auch die Flureintheilung, welche die Kolonisten durchführten, war eine neue.

Die germanische Flurverfassung beruhte auf der Eintheilung der gesammten zur Ackernutzung bestimmten Feldmark in eine je nach den Umständen größere oder geringere Zahl von Gewannen, d. h. größeren Feldstücken von in sich gleichartiger Beschaffenheit. So lange die strenge Feldgemeinschaft, das Gesammteigenthum der Gemeinde an der ganzen Feldflur, bestand, kam jährlich ein Theil des Feldes zur Verlosung unter die einzelnen Hofbesitzer und die Gewanne dienten als Verlosungsbezirke, so daß jeder Berechtigte in sämmtlichen Gewannen des betreffenden Feldes seine Antheile erhielt. Im folgenden Jahre wurde das nächste Feld vertheilt, und so ging es weiter, bis nach einer Reihe von Jahren wieder das erste Feld heran kam. Je intensiver mit wachsender Bevölkerungsziffer der Ackerbau getrieben wurde, desto mehr kürzte man die Ruhezeit, welche den einzelnen Feldern gegönnt wurde, ab, desto kleiner wurde demgemäß die Zahl der Wechselfelder, bis man bei der Dreifelderwirthschaft ankam, welche ursprünglich wohl je ein Feld unter Bestellung hielt und die beiden anderen ruhen ließ, später aber je zwei Felder (eins mit Winter-, eins mit Sommergetreide) zur Bestellung heranzog und nur das dritte als Brachfeld für die Viehweide benutzte. Je geringer die Zahl der Felder wurde, desto überflüssiger mußte die jedesmalige Wiederholung der Verlosung erscheinen, da jeder wußte, welche Antheile er früher in dem jetzt an die Reihe kommenden Felde gehabt hatte; so unterblieb sie allmählich ganz, und es bildete sich festes Privateigenthum an den einzelnen Stücken aus, aber sie blieben in der durch die Gewanneintheilung bedingten Gemenglage und wurden auch jetzt nicht der willkürlichen Bewirthschaftung des Eigenthümers überlassen, sondern mußten nach wie vor nach den Grundsätzen der Dreifelderwirthschaft, die erst in unserm Jahrhundert aufgehoben wurde, bestellt werden oder brach liegen. Von der Feldgemeinschaft war eine Wirthschaftsgemeinschaft, der Flurzwang, übrig geblieben. Diese ganze Entwickelung vom Gesammteigenthum der Gemeinde zum individuellen Eigenthum unter der Herrschaft des Flurzwangs und schließlich auch zu individueller Wirthschaft beschränkte sich aber auf das Ackerland. Alles andere, insbesondere das Wald- und Weideland, blieb als gemeine Mark im alten Gesammteigenthum der Gemeinde.

Die Vertheilung der Grundstücke über die ganze Feldmark nach dem Gewannensystem war auch den wendischen Dörfern eigenthümlich[31]), obwol ihre Entstehung aus der Feldgemeinschaft (die bekanntlich in Rußland noch heute besteht) nicht nachzuweisen ist. Auch in den Niederlanden und am Niederrhein war, wie die Spezialkarten auf den ersten Blick erkennen lassen, die Gewanneintheilung vorherrschend, nur wo das Land durch Deiche und Entwässerungsanlagen erst für die Kultur gewonnen werden mußte, entstand, wie im Binnenlande durch die Bifänge in Rottwaldungen, sofort privates Eigenthum, das so gewonnene Ackerland erschien so zu sagen als der Lohn der Arbeit. Hier begegnen wir deshalb, im Gegensatze zu der Parzellenwirthschaft des Gewannsystems, geschlossenen Hufen, welche sich als schmale, langgestreckte Streifen parallel nebeneinander legen und in der Regel auf beiden Seiten der Dorfstraße bei den Gehöften, zu denen sie gehören, beginnen. Daß hier mit dem individuellen Eigenthum sofort auch individuelle Wirthschaft gegeben war und von dem Flurzwange des Dreifeldersystems keine Rede sein konnte, ist selbstverständlich. Diese Art der Hufeneintheilung haben nun die Kolonisten überall zu Grunde gelegt. Wald- und Weideland pflegten auch sie zu ungetheiltem Recht zu behalten, aber sein Ackerland mußte jeder für sich in geschlossener Lage und zu freier wirthschaftlicher Benutzung haben. Ein schönes Beispiel dieser Dorf- und Hufenanlage gewährt die auf unserer Karte abgebildete Feldflur der Dörfer Borstel und Jork im Alten Lande bei Stade. Gerade in der Gegend von Bremen und Hamburg tritt diese Flureintheilung noch heute überall so scharf hervor, daß man auf der Generalstabskarte und selbst auf der Reimannschen Karte die Kolonisationsgebiete deutlich erkennt. Aber der gleichen Anlage begegnet man auch, wo es nicht erst, wie hier, darauf ankam, sumpfige Einöden in Kulturland zu verwandeln; auch bei wendischen Dörfern, die ihnen abgetreten wurden, beseitigten die Kolonisten alsbald die bisherige unpraktische Eintheilung und führten die ihrige durch. Sie erreichten also von vorn herein die Vortheile, die wir im übrigen erst durch die neuere Konsolidations- oder Verkoppelungsgesetzgebung erlangt haben oder, wie in der preußischen Rheinprovinz und in Baiern, dem Vorurtheil einer widerstrebenden ländlichen Bevölkerung abzuringen bemüht sind.

Mit der „flämischen" oder „holländischen" Hufe verband sich demnach ein ganz bestimmter Begriff hinsichtlich der äußeren Anlage und der wirthschaftlichen Methode. Zugleich war damit eine bestimmte Größe gegeben, welche in dem Bremer Kolonisationsvertrage von 1106 auf 30 Königsruten in der Breite und 720 in der Länge berechnet wurde. Da die kulmische Hufe in Preußen, welche mit der flämischen identisch ist, in 72 Morgen getheilt wird, so ergeben sich für den altkulmischen Morgen 300 □Ruten (virgae regales). Genau dieselbe Größe hat die bis in die neueste Zeit in Pommern als „Hägerhufe" oder „flämische Hufe" bekannte Hufe von 60 pommerschen Morgen (3930 Ar), während die „Landhufe" nur 30, die „Hakenhufe" oder „wendische Hufe" nur 15 pommersche Morgen beträgt[32]). Unter der Landhufe, welche doppelt so groß wie die wendische und halb so groß wie die flämische Hufe ist, haben wir die gemeine deutsche Hufe zu verstehen, welche sich aus den in Gewannlage befindlichen Ackerstücken zusammensetzte und fast regelmäßig 30 Morgen umfaßte[33]). Ihr stellte man seit dem zehnten Jahrhundert, wahrscheinlich aber auch schon in der Karolingerzeit, die geschlossene, doppelt so große „Königshufe" gegenüber, welche durch Ausrodung herrenloser Wälder oder durch Trockenlegung herrenloser Sümpfe, also durch Urbarmachung von Königsland gewonnen und danach bald als Wald- oder Hägerhufe, bald als Marschhufe bezeichnet wurde³⁴). Während diese Königshufe in den übrigen Kolonisationsländern erst durch die Flämingen und Niederländer bekannt wurde, war sie nach Meißen und Schlesien schon durch die hessisch-thüringischen Kolonisten als „fränkische" oder „Waldhufe" gekommen. Diese Waldhufen waren, der heimischen Gewohnheit dieser Ansiedler entsprechend, überwiegend im Waldgebirge angelegt, während sich die flämischen Kolonisten ausschließlich den fruchtbareren Niederungen zuwandten. Da es aber nicht angemessen erschien, die Kolonistenhufen zu ungleichmäßig zu besteuern, so legte man hier bei den flämischen Anlagen nicht das Königsmaß, sondern das gewöhnliche deutsche Landmaß zu Grunde. Die flämische Ackerhufe war hier demnach nur halb so groß wie die fränkische Waldhufe, hatte aber wegen ihrer größeren Fruchtbarkeit im wesentlichen dieselben Abgaben wie diese zu tragen. So verbanden sich auch hier mit der flämischen und fränkischen Hufe alsbald bestimmte Begriffe, und zwar ohne Rücksicht auf die Nationalität der Kolonisten. Besonders lehrreich ist eine Urkunde des Herzogs Konrad II. von Schlesien für das Dorf Zedlitz bei Steinau³⁵), welches im Jahre 1257 zu deutschem Recht kolonifirt wurde, und zwar in der Weise, daß in derselben Gemarkung flämische und Waldhufen nebeneinander abgemessen werden sollten. Der Herzog erklärte: „Wir haben unserm Schultheißen Bertold unser Dorf Sedlez übergeben, um es nach deutschem Rechte zu besetzen (locare Teutonico iure), wofür wir ihm und seinen Erben die siebente Hufe nebst der Mühle und der Schenke zu freiem Besitze eingeräumt haben. Wir wollen, daß er die Felder und Gestrüppe nach flämischem Recht (Flamingico iure), den Eichenwald und die übrigen Waldflächen dagegen nach fränkischem Recht (iure Franconico) austhut. Den flämischen Hufen bewilligen wir vom nächsten St. Martinstage an fünf Freijahre, von da an bezahlt uns die Hufe jährlich einen Vierdung Silber und drei Mut Getreide; den fränkischen Hufen aber geben wir von dem genannten Tage an zehn Freijahre, nach deren Verlauf die Hufe uns jährlich eine halbe Mark Silber und den oben angegebenen Getreidezins, nämlich ein Mut Weizen, ein Mut Winterweizen und ein Mut Hafer zu entrichten hat." Daß die fränkische Hufe die doppelte Anzahl von Freijahren erhielt, erklärt sich aus den größeren Schwierigkeiten der Rodung.

Die Art, wie die einzelnen Kolonisationen in's Leben traten, war eine verschiedene. Zuweilen wendeten sich die Kolonisten unmittelbar an den Landesherrn und verhandelten mit ihm, in der Regel durch einen Ausschuß, der die Leitung des Unternehmens in die Hand nahm, über die Bedingungen der Niederlassung. So die landflüchtigen Niederländer zu Eschershausen, vielleicht auch die ersten Kolonisten des bremischen Hollerlandes und die strenui viri, die 1154 zu Bischof Gerung von Meißen kamen. Umgekehrt erscheint der Landesherr nicht selten als der eigentliche Unternehmer, indem er Gesandte in die Heimat der Kolonisten schickt und sie unter Bekanntgabe der Bedingungen zur Auswanderung auffordert; so verfuhren Albrecht der Bär und Graf Adolf von Holstein (oben S. 14, 17 f.), ferner Erzbischof Adalbero von Bremen (S. 9), in gewissem Sinne auch der Hochmeister Hermann von Salza. Jedenfalls war die Kolonisation der preußischen Ordenslande ebenso wie die der Mark Brandenburg eine planmäßig angelegte, und die Kulmer Handfeste von 1233 enthielt das Programm für die Kolonisationen, über die dann freilich im einzelnen besondere Verträge abgeschlossen werden mußten. Auch die Grundherren gingen zuweilen, mit landesherrlicher Bewilligung, auf eigene Hand mit der Kolonisation vor; so haben wir die Unternehmungen der meisten Klöster, einzelner Dompröpste oder Kanoniker, auch weltlicher Grundherren oder Vasallen zu beurtheilen. Bei weitem das Gewöhnlichste war aber, daß ein oder mehrere Unternehmer die Kolonisation bestimmter Distrikte in Entreprise nahmen. Zuweilen geschah dies durch einheimische Edle, wie Friedrich von Machtenstede und Bovo im Bremischen, meistens aber durch unternehmende Niederländer oder Flandrer; es ist möglich, daß die sechs Holländer in Bremen (S. 5) und die strenui viri in Meißen auch schon in dieser Weise als Gründer-Konsortium aufzufassen sind, falls sie nicht, wie oben angenommen wurde, einfach als Vertreter der hinter ihnen stehenden Kolonisten handelten. Solche Unternehmer (locatores, venditores) erhielten von dem Grundherrn das ganze zu kolonisirende Gebiet zu Lehn oder in Vollmacht, um es dann in einzelnen Hufen an Kolonisten zu verleihen. Der Unternehmergewinn bestand regelmäßig in der Uebertragung des Bürgermeister- oder Schultheißenamtes (mit der niederen Gerichtsbarkeit und dem Rechte auf ein Drittel der Gerichtsgefälle) auf den Unternehmer, und zwar zu vererblichem und veräußerlichem Rechte. Damit war die Gewährung mehrerer Freihufen, nicht selten auch die Einräumung einer Mühl- und Kruggerechtigkeit verbunden. Diese Erbschultheißen sind im Laufe der Zeit überall in den Kolonisationsländern zu Edelherren geworden und haben ein bedeutendes Kontingent für den niederen Adel Norddeutschlands geliefert. Bezahlt wurde für die Erbschultisei nebst dazu gehörigen Hufen und Gerechtigkeiten in der Regel nichts, sie bildete eben den Gründergewinn für die Herbeischaffung der Kolonisten; der Grundherr hatte durch die von diesen zu leistenden Abgaben so bedeutenden Vortheil, daß er im Gegentheil dem Unternehmer zuweilen noch einen Beitrag in baarem Gelde leistete. Nur wo die Kolonisationen mehr im Wege der Einzelspekulation erfolgten, wie in Schlesien, wurde dem Unternehmer ein Kaufpreis abgefordert.

Die einzelnen Kolonisten erhielten das Land wohl meistens

umsonst, nur hin und wieder mag der Unternehmer ihnen die Zahlung eines Kaufpreises auferlegt haben. Doch entsprach es dem Geiste des deutschen Rechts, das unentgeltlichen formlosen Verträgen abhold war, wenn der Vertrag durch Leistung eines geringen Angeldes den Charakter eines Realvertrags erhielt[36]).

Die Kolonisations-Bedingungen[37]) stimmten überall so sehr überein, daß sich dafür ebenso wie für die Hufen ein bestimmter Begriff des „flämischen" oder „holländischen" Rechts ausbildete, welcher auch dort Anwendung fand, wo die Ansiedler einem andern Stamme oder selbst einer anderen Nationalität angehörten: auch Slaven und Preußen konnten nach flämischem Rechte beliehen werden, was aber selbstverständlich als eine ganz besondere Gunst für geleistete gute Dienste angesehen wurde.

Die erste unter den Bedingungen war die Gewährung vererblichen und veräußerlichen Rechts an der Hufe. Dies war der bedeutendste Gegensatz gegen das slavische Recht, welches beim Ausbleiben des Zinses oder bei schlechter Wirthschaft die Entfernung des Bauern vom Gute gestattete[38]) und es eben dadurch den Grundherren so leicht machte, auch zur Zeit mit Slaven besetzte Güter an Kolonisten zu vergeben. Eigenthum erlangten auch die letzteren nicht, vielmehr behielt der Herr das Obereigenthum, das er auch auf Andere übertragen konnte. Das Recht der Kolonisten war ein Erbzinsrecht, aber nach Art der städtischen Hausleihe, ohne die Begründung einer privaten Unterthänigkeit wie bei den Vogteileuten oder Pfleghaften.

Die Abgaben, welche den Kolonisten auferlegt wurden und in den meisten Fällen den einzigen Entgelt für die Gewährung des erblichen Nutzungsrechts an der Hufe bildeten, waren nicht überall gleichmäßig gestaltet. Häufig hatte dieser Zins überhaupt keinen materiellen Werth, sondern nur die Bedeutung eines Anerkennungszinses. So war nach verschiedenen bremischen Kolonisations-Verträgen (von 1142, 1149, 1171, 1181) nur ein Pfennig von der Hufe zu leisten, „quo predium non suum, sed ecclesiae et nostrum esse profiteantur" (Erzbischof Adalbero i. J. 1142). Die Kulmer Handfeste von 1233 verlangte „einen colnischen pfenning, adir davor vinf cholmische, und zwei marc gewichte wasses, in herschaft bekentniss und in ceichen, daz her dieselben sine gut hat von unsem huse." Dieselbe Bedeutung hatte es, wenn, wie in Wosterwize bei Magdeburg und in vielen preußischen Kolonien, die Hofstelle mit einem Zins von 6 Pfennigen belastet wurde, „in recognitionem dominii .... de qualibet area sex denarios" (Gründungs-Urkunde für Preußisch-Holland v. 1297). Zuweilen hatte der Hufenzins eine reellere Bedeutung, er stieg von den geringen Sätzen von 1 Schilling zu 2 Schilling, 4 Schilling, 8 Schilling, $\frac{1}{2}$ Vierdung, 1 Vierdung ($\frac{1}{4}$ Mark oder $\frac{1}{8}$ Pfund Silber) bis zu $\frac{1}{2}$ Mark ($\frac{1}{4}$ Pfund oder 30 Schillinge); daneben begegnen Naturalleistungen in Hühnern und Getreide. Dieser Hufenzins wurde regelmäßig am St. Martinstage fällig.

Die Hauptabgabe, und für die Kolonisations-Unternehmungen der geistlichen Fürsten stellenweise wohl geradezu ausschlaggebend, war der Zehnt, welchen die Kolonisten meistens sowohl von ihrem Jungvieh, als auch von den Feld- und sonstigen Früchten zu entrichten hatten. Der Zehnte von dem einzelnen Jungvieh wurde vielfach in Geld berechnet. Der Getreidezehnt belief sich im Bremischen nur auf die 11., im Neuen Lande bei Haarburg auf die 14. Garbe. Die bedeutendste Modifikation fand aber in Preußen statt, wo statt des Zehnten ein fester Getreidezins, nämlich ein Scheffel Weizen und ein Scheffel Hafer von dem deutschen Pfluge, d. h. von der Hufe, entrichtet wurde, während der kleinere polnische Pflug nur halb so viel schuldete.

Diese Getreideabgabe hat ein ganz besonderes Interesse. Dieselbe wurde in der Kulmer Handfeste von 1233 ausdrücklich als Ersatz für den dem Diözesanbischof gebührenden Zehnten bezeichnet: Wir wollen ouch, daz von der vorgenanten burgere gute von iglichem dutschem pfluge ein scheffel weizzes und ein rocken..., und von dem polenisschen pfluge, der habe heiset, ein scheffel weizzes in derselben mase jergelich des cranses bischoffe vur cehnden werde vergolden. Dem entsprechend erscheint sie in den Gründungsprivilegien der preußischen Kolonien fast regelmäßig. Ihre Entstehung verdankte sie hier dem Bischof Christian von Preußen, welcher sich bei der Abtretung der kulmischen Lande an den Deutschen Orden im Jahre 1230 diese Abgabe vorbehalten hatte³⁹). Daß er aber damit nichts Neues schuf, zeigen die Kolonistenhufen in Schlesien, welche dem Herzoge dieselbe Abgabe unter dem Namen „Herzogskorn" entrichteten⁴⁰). Noch weiter zurück führt uns eine Urkunde Kaiser Friedrichs I. von 1171, wonach der Bischof von Cambray dem Kloster Vaucelles gewisse Waldgründe an der Sambre zur Urbarmachung überlassen hatte, und zwar unter der Bedingung, daß der Pflug Rottlandes je einen modius Weizen und einen modius Hafer als Rottzins entrichte⁴¹). Nun war zwar der schlesische wie der kulmische Scheffel nur der vierte Theil eines Großscheffels und wurde dem letzteren (modius, Mutt), als mensura entgegengesetzt, im Uebrigen aber ist die Uebereinstimmung so auffallend, daß wir zuverlässig auf die flämische Herkunft des Herzogkorns und der preußischen Zehntscheffel schließen dürfen. Handelte es sich doch hier wie in Cambray um eine Abgabe von Rottländereien, ein solcher Rottzins war aber dem fränkischen Recht von jeher bekannt, er hieß bei den Hessen „Königsscheffel" oder „Medem" und hatte sich mit der chattischen Wanderung über das ganze Moselgebiet und tief in das salische Land hinein verbreitet. Er bestand dort in der Regel in der siebenten Garbe, und wenn die Cambrayer Urkunde von 1171 den Ertrag eines Pfluges Land auf 15 modii angibt, so ist unverkennbar, daß die 2 modii als Rottzins an die Stelle eben dieser siebenten Garbe getreten waren⁴²).

Den Kolonisten wurden für die erste Zeit der Niederlassung regelmäßig einige Freijahre bewilligt. Im Uebrigen blieben nur die Freihufen des Schultheißen, die für die Kirche bestimmten Grundstücke und die gemeine Mark (Wald- und Weideland in ungetheilter Benutzung), meistens auch die Haus- und Gartenstellen dauernd von allen Abgaben befreit.

Aber auch den Kolonisten selbst wurden dauernde Freiheiten von der größten Bedeutung verliehen. Regelmäßig erhielten sie volle Befreiung von den Landessteuern, und ebenso wurden die übrigen Landeslasten, wie die Wehrpflicht und die verschiedenen Naturalleistungen, zu denen die Unterthanen verbunden waren, für sie entweder auf ein Minimum beschränkt oder ganz ausgeschlossen. In kirchlicher Beziehung bildeten sie stets eigene Sprengel, oft mit besonderen Privilegien oder mit dem Zugeständniß, daß das Kirchenrecht ihrer Heimat für sie maßgebend bleiben solle. Die persönliche Freiheit und die vollste Freizügigkeit wurde ihnen gewährleistet. Allerdings setzte man im Allgemeinen voraus, daß nur freie Leute in's Land kämen, eine Zufluchtsstätte für entlaufene Sklaven sollte das Kolonisationsgebiet nicht werden. Deshalb sollten unfreie oder hörige Personen in der Regel nur mit Bewilligung ihres Herrn zugelassen werden; doch finden wir hin und wieder, wo das besondere Bedürfniß einer verstärkten Einwanderung vorlag, auch den von den Städten geltend gemachten Grundsatz „Luft macht frei", nach welchem dem seine Leute reklamirenden Herrn nur binnen Jahresfrist nachgegeben wurde, so daß, wer länger unangefochten im Lande gelebt hatte, von jeder Reklamation frei war.

Das wichtigste Zugeständniß, welches den Kolonisten regelmäßig gemacht wurde, betraf Gericht und Recht. Die höhere Gerichtsbarkeit behielt sich der Landesherr in der Regel vor, aber sie sollte auf Kolonisationsgebiet gehandhabt werden, und in Betreff der niederen Gerichtsbarkeit erhielten die Kolonisten regelmäßig ihr eigenes Gericht, entweder unter einem selbstgewählten Richter, oder unter dem Gründer und seinen Rechtsnachfolgern als Erbschultheißen, unter dessen Vorsitz die Kolonistengemeinde selbst oder ein aus ihr hervorgegangenes Schöffen-Kollegium der Rechtsprechung oblag⁴³). Für das Strafrecht wurden zuweilen besondere Normen aufgestellt, oder es wurde festgesetzt, daß die Kolonisten sich nach dem Landesstrafrecht zu richten hätten, aber in Betreff des bürgerlichen Rechts behielten sie ihre alten Gewohnheiten⁴⁴), die sich insbesondere durch die allgemeine Gütergemeinschaft unter Ehegatten, mit Halbtheilung des Vermögens bei Auflösung der Ehe, und durch eigenthümliche erbrechtliche Grundsätze von dem Rechte der ostfälischen Sachsen, wie es im Sachsenspiegel und dem Magdeburger Stadtrecht niedergelegt war, unterscheiden. Gerade hierin haben sich bis auf den heutigen Tag die bedeutendsten Spuren der niederländischen Kolonisation erhalten. Das Familiengüterrecht in Ost- und Westpreußen und in Posen ist noch gegenwärtig das flämisch-niederrheinische, dasselbe war in der Mark Brandenburg bis zum vorigen Jahrhundert der Fall, und selbst das heutige brandenburgische Erbrecht läßt den Kundigen die Spuren seiner Abstammung erkennen. In Schlesien wurden die Reste des flämischen Erbrechts erst in unserem Jahrhundert aufgehoben, während in Pommern und den mecklenburgischen Städten die Grundsätze des flämischen und des nahe verwandten westfälischen Familiengüterrechts größtentheils unangefochten in Geltung geblieben sind. Das Gleiche läßt sich von den kleineren niederländischen Kolonien in Thüringen, Holstein und den Niederungen zwischen Weser und Elbe sagen⁴⁵).

Diese Zustände geben redendes Zeugniß von der Zähigkeit desjenigen deutschen Stammes, dem unser Vaterland mehr als irgend einem andern zu verdanken hat. An hoher geistiger Bildung stehen zwar die Gothen allen andern voran, aber dieselbe war mit großer Weichheit und Assimilationsfähigkeit gepaart, und so haben sie auf fremdem Boden am wenigsten vermocht, das Erbe der Väter zu bewahren. Haben doch selbst die kernigen und schneidigen Langobarden gegenüber dem übermächtigen Romanenthum schon nach wenigen Jahrhunderten ihre Volksthümlichkeit eingebüßt, wenn auch noch heute das italienische Volk eine Menge Eigenschaften bewahrt, welche unsern Gefühlen und nationalen Anschauungen begegnen und uns ahnen lassen, wie mächtig der langobardische Einfluß bei der Ausbildung der italienischen Nationalität gewesen ist. Dem baierisch-österreichischen und dem verwandten schwäbisch-alamannischen Stamme thut es an geistiger Bedeutung kein anderer zuvor, und man mag gar nicht daran denken, was aus unserer Literatur und geistigen Bildung geworden wäre, wenn wir diese hochbegabten Elemente hätten entbehren müssen. Aber den slavischen, magyarischen, romanischen Völkern gegenüber hat der baierisch-österreichische Stamm kaum den ererbten Besitzstand zu schützen vermocht, und die Neigungen des schwäbisch-alamannischen Stammes waren stets mehr auf kleinstaatliche Isolirung gerichtet. An staatenbildender Kraft stehen die Franken weitaus in erster Reihe. Von Hessen sind sie ausgegangen, das Merowinger- und das noch gewaltigere Karolinger-Reich verdankt ihnen seine Entstehung, Frankreichs großartige centrale Entwickelung ist auf sie zurückzuführen, und mit den zähen, vor keiner noch so schweren Arbeit zurückschreckenden friesischen und sächsischen Bauern vereinigt haben sie dann, zurückgreifend auf altgermanisches, ein Jahrtausend zuvor an slavische Völker verlorenes Gebiet, in Jahrhunderte langer rastloser Kulturarbeit einen neuen Staat geschaffen, dem die Erneuerung des einst von den Urvätern der flämischen Kolonisten ausgegangenen deutschen Reiches zur köstlichen Aufgabe gestellt wurde.

Anmerkungen.

Das beste, wenn auch nicht immer ganz kritische Werk über die niederländischen Kolonien in Deutschland ist die Histoire des Colonies Belges qui s'établirent en Allemagne, pendant le douzième et le treizième siècle, par Emile de Borchgrave (Ouvrage couronné par l'Académie royale de Belgique. Bruxelles, 1865). Die ältere Literatur über diesen Gegenstand ist daselbst S. 18 ff. aufgeführt. Verdienstvoll ist namentlich das zweibändige Werk von v. Werseb e, über die niederl. Kolonien (Hannover 1815), das aber die Ausdehnung und die Bedeutung dieser Kolonien für Deutschland weit unterschätzt. Von neueren Schriften ist noch zu vergleichen Meitzen, der Boden und die landwirthschaftlichen Verhältnisse des preußischen Staates I, 303 ff. 356 ff. und dessen Aufsatz über „die Ausbreitung der Deutschen in Deutschland, und ihre Besiedelung der Slavengebiete", in den Jahrbüchern für Nationalökonomie und Statistik, XVII. Jahrg. Bd. I, 1—59.

1) Der beste Abdruck dieser wichtigen Urkunde steht bei Ehmck und v. Bippen, Bremisches Urkundenbuch I, 28 Nr. 27.

2) Vgl. Borchgrave S. 9 ff., sowie desselben Essai historique sur les Colonies Belges qui s'établirent en Hongrie et en Transsylvanie (Ouvrage couronné par l'Acad. royale de Belgique. Bruxelles 1871).

3) Die merkwürdige, von Bischof Bernhard zwischen 1133 und 1137 erneuerte Urkunde steht in Böhmer's Acta imperii selecta Nr. 1129, S. 816 f. Vgl. Lüntzel, Geschichte der Diözese und Stadt Hildesheim I, 276. 395 ff. Ueber eine flämische Kolonie in der Dammstadt, einer Vorstadt von Hildesheim, vgl. ebb. II, 69 f.

4) Hamb. Urk.-B. 155 f. v. Heineman, Codex diplomaticus Anhaltinus I, 215 Nr. 292. Als Grenzorte werden Ströbel (Strabilingehusen), Sannau (Santou), Ochtum (Ochtmunde) und Hasbergen an der Ochtum genannt. Vgl. Bremisches Urk.-B. I, 42 Anm. 1. Die Mitwirkung Albrechts des Bären war erforderlich, weil er, wie es scheint, das fragliche Gebiet von der Bremer Kirche zu Lehn hatte. Vgl. v. Heinemann, Albrecht der Bär 144.

5) Bremisches Urk.-B. I, 49 f.

6) Vgl. v. Wersebe, a. a. O. I, 174 ff. 214. Meine Geschichte des ehelichen Güterrechts II. 3. S. 50 f. 134.

7) Das Kolonisationsprivileg, welches durchaus den bei den bremischen Kolonien beobachteten Grundsätzen folgt, steht bei Puffendorf, Observationes juris II, Appendix Nr. 1.

8) In den Niederlanden liegen mehrere Orte dieses Namens, in Südholland und Nordbrabant, auch Kettwig an der Ruhr hieß ursprünglich Katwik. Der Name bedeutet „Chattenort". Die niederländischen Bataver und die niederrheinischen Chattuarier waren ausgewanderte Chatten, welche so die Erinnerung an die Heimat ihres Stammes auch in das Kolonisationsgebiet mitnahmen.

9) Es ist charakteristisch, daß die Geschichtschreiber die bloß der Landeskultur gewidmeten Kolonisationen übergehen, dagegen über die Kolonien im Wendenlande zum Theil sehr ausführlich berichten.

10) Helmold, Chronik der Slaven I, 57 (Monumenta Germaniae Scriptores Bd. XXI. Uebersetzung v. Laurent, Berlin 1852).

11) Daß die ersten Einwohner der Stadt Lübeck vorzugsweise aus Westfalen gekommen sind, steht auch anderweitig fest. Vgl. Stobbe, Geschichte der deutschen Rechtsquellen I, 506 Anm. 30. Meine Geschichte des ehel. Güterrechts II. 3. S. 26 f. 122. 304 ff.

12) Vgl. Ernst, die Kolonisation Meklenburgs im 12. und 13. Jahrhundert, S. 26 f. 62 ff.

13) Vgl. Böhlau, meklenburgisches Landrecht I, 17. 19. Winter, die Cistercienser des nordöstlichen Deutschlands I, 123 ff. 134.

14) Boll, Gesch. d. L. Stargard I, 59 ff. Böhlau, a. a. O. I, 33 f. Schröder, Gesch. d. ehel. Güterrechts II. 3. S. 53. 135.

15) Vgl. v. Heinemann, Albrecht der Bär 215—222. 390 ff.

16) Vgl. das Anm. 13 angeführte dreibändige Werk von Winter.

17) Vgl. Mülverstedt, Regesta archiepiscopatus Magdeburgensis I Nr. 1502. Urkundenbuch von Walkenried S. 57. 68. K. Schulz, das Urtheil des Königsgerichts (Separatabdruck a. d. Zeitschrift für thüring. Geschichte Bd. IX) S. 57. Winter, a. a. O. I, 119. II, 193. Rößler, deutsche Rechtsdenkmäler aus Böhmen und Mähren II. S. CII. CVI. Michelsen, Rechtsdenkmale aus Thüringen 139 ff. V. Jacobi, Forschungen über das Agrarwesen des altenburg. Osterlandes, Leipziger Illustr. Zeitung Bd. V. (1845, 2. Hälfte) S. 186 ff.

18) Mülverstedt, a. a. O. I. Nr. 1540. Schöttgen und Kreisig, Diplomata et scriptores III, 391 f. Magdeburger Schöffenchronik (Chroniken der deutschen Städte Bd. VII) S. 117.

19) Vgl. u. a. Magdeburger Schöffenchronik S. 119. von Heinemann, Albrecht der Bär S. 469 ff. Dies war das Gebiet, auf welches sich die bekannte Mittheilung der Magdeburger Schöffen von 1539 über das flämische Recht (Borchgrave S. 364) bezieht.

20) Mülverstedt, a. a. O. Nr. 1359. 1461.

21) Vgl. v. Heinemann, Albrecht der Bär S. 466 f. Mülverstedt, a. a. O I. Nr. 1231. Nachtrag Nr. 74. Codex diplomaticus Anhaltinus I, 331 Nr. 454 (1159).

22) Codex diplomaticus regni Saxoniae II. 1. Nr. 50 (1154). 53 (1160). K. Schulz, a. a. O. 55 ff.

23) Urkundenbuch von Walkenried Nr. 31.

24) „Flämischer Kerl" gilt noch heute in Norddeutschland als Bezeichnung eines kräftigen, hünenhaften, übermüthigen Mannes.

25) Ueber diesen Unterschied und über die Kolonisation Schlesiens überhaupt vgl. Tzschoppe und Stenzel (Urkundensammlung zur Geschichte des Ursprungs der Städte und der Einführung und Verbreitung deutscher Kolonisten und Rechte in Schlesien und der Oberlausitz, Hamburg 1832). Meitzen (Urkunden schlesischer Dörfer zur Geschichte der ländlichen Verhältnisse und der Flureintheilung insbesondere, a. u. d. Titel Codex diplomaticus Silesiae Bd. IV. 1863). Ueber die Begriffe flämisches und fränkisches Recht vgl. noch Rößler, a. a. O. II, Seite CIII ff. CVIII ff. K. Schulz, a. a. O. 22 f. 54 ff. 65.

26) Vgl. Grünhagen, les Colonies Wallonnes en Silésie, in den Mémoires couronnés der Brüsseler Akademie, Bd. XXXIII (1867).
27) Die Urkunden in dem Codex diplomaticus Prussicus.
28) Hoffmann v. Fallersleben, niederländische Volkslieder Nr. 105.
29) Vgl. de Borchgrave, a. a. O. 333 (1161). van den Bergh, Oorkondenboek van Holland en Zeeland I Nr. 227. 388 (1242). 406 (1244). 441 (1247). 566 (1252). De Sloet, Oorkondenboek van Gelre en Zutphen, Nr. 262 (1132). 278 (1143). 313 (1165).
30) So Krakau und Cirnicze (Dobewiz und Unstaden) bei Magdeburg, Cluzi, Stene, Nauzedele, Nimiz an der Milde, Coryn bei Wurzen.
31) Man vergleiche die in den verschiedenen Arbeiten von Meitzen (siehe S. 45 und Anm. 25) abgedruckten Flurkarten wendischer Dörfer.
32) Vgl. Meitzen, Urkunden schlesischer Dörfer S. 84. Landau, die Territorien 92. Die doppelte Größe der holländischen Kolonistenhufen erhellt auch aus einer Urkunde bei v. Heinemann, Albrecht der Bär 482 f. (1178). In den Niederlanden selbst fanden sich sehr verschiedene Landmaße. Vgl. Nordewier, nederduitsche Regtsoudheden 231 f. In Nordholland gab es Hufen von 32 Morgen (v. d. Bergh, Oorkondenboek II, 127 Nr. 293 v. 1275), dagegen rechnete man in Südholland, Utrecht und zwischen Maas und Waal 16 Morgen auf die Hufe (ebd. II, 46 Nr. 94 v. 1262. De Sloet, Oorkondenboek S. 679 v. 1247), der Morgen zerfiel wieder in 6 Hunt, das Hunt in 100 Quadratruthen, wobei aber unzweifelhaft mit der gemeinen Ruthe (brevis virga) zu 11 Fuß gemessen wurde (vgl. v. d. Bergh, a. a. O. I, 87 Nr. 135 v. 1156). In einzelnen Utrechter Besitzungen kamen übrigens auch Hufen von nur 14 Morgen vor. Ebenso wurden die Kolonistenhufen im Halberstädtischen auf 14 agri Hollandenses festgesetzt, in Xanten rechnete man 15 holländische Morgen auf die Hufe. Vgl. Landau, a. a. O. 26.
33) Vgl. Waitz, über die altdeutsche Hufe (Göttingen 1854) S. 23. 26 f. Landau, a. a. O. 32 ff.
34) Vgl. Waitz, a. a. O. 32. Landau, a. a. O. 21—28. Kremer, Orgines Nassoicae II, 45 Nr. 27 (912). 66 Nr. 43 (937). Stumpf, Reichskanzler III Nr. 26 (992). 40 (1028). 41 (1031). 52 (1041). 240 (993). v. Heinemann, Albrecht der Bär 425 (997). Codex diplomaticus regni Saxoniae II. 1 Nr. 29 (1068). 31 (1071). Lepsius, Geschichte der Bischöfe von Naumburg I, 179 (993). Die Königshufen der Abtei Prüm wurden in 160, die der Abtei Kamp in 120 Morgen eingetheilt.
35) Tzschoppe und Stenzel, a. a. O. 336 f.
36) So hatte jeder Kolonist von Bucowitz 6 Pf. als Empfangsgeld für die Hufe zu zahlen. Cod. dipl. Sax. II. 1 Nr. 53. Vgl. Sohm, das Recht der Eheschließung 28 ff. Val de Lievre, Launegild und Wadia. 1877.
37) Vgl. Korn, Geschichte der bäuerlichen Rechtsverhältnisse in der Mark Brandenburg, Zeitschrift für Rechtsgeschichte XI, 1 ff.
38) Vgl. Riedel, Codex diplomaticus Brandenburgensis I. Haupttheil I, 457.
39) Vgl. Tzschoppe und Stenzel, a. a. O. 148 Anm. 7. Nachdem dann durch Entscheid des päpstlichen Legaten v. J. 1234 der Zehnt

in zwei Dritteln des eroberten Landes dem Orden zugesprochen worden, erhob der letztere jene Abgabe an Stelle des Zehnten für sich oder überwies sie der Pfarrkirche des zu gründenden Ortes. Vgl. Codex diplomaticus Prussicus I Nr. 41. 46.

40) Vgl. Tzschoppe und Stenzel, a. a. O. 148. 164.

41) Stumpf, Reichskanzler III, 204 Nr. 152.

42) Ueber den Medem vgl. Forschungen zur deutschen Geschichte XIX, und meine „Untersuchungen zu den fränkischen Volksrechten" (Festschrift der rechts- und staatswissenschaflichen Fakultät der Universität Würzburg, 1879) S. 14 f.

43) Vgl. Kühns, Geschichte der Gerichtsverfassung und des Prozesses in der Mark Brandenburg II, 79 ff.

44) Vgl. u. a. Michelsen, flämische Rechtsgewohnheiten in der goldenen Aue (i. d. Rechtsdenkmalen aus Thüringen S. 139 ff.).

45) Vgl. Schröder, das eheliche Güterrecht Deutschlands in Vergangenheit, Gegenwart und Zukunft (Zeit- u. Streitfragen, Jahrg. 1875).